**워렌 버핏처럼
사업보고서 읽는 법**

워렌 버핏처럼
사업보고서 읽는 법

1쇄 2014년 4월 30일
8쇄 2024년 12월 20일

지은이 김현준

펴낸곳 (주)한국투자교육연구소 부크온
펴낸이 김재영
주소 서울시 영등포구 문래동 6가 19 SK V1센터 1001호
전화 02-723-9004   **팩스** 02-723-9084
홈페이지 www.bookon.co.kr
블로그 blog.naver.com/bookonblog
이메일 book@itooza.com
출판신고 제322-2008-000076호(2007년 10월 17일 신고)

ISBN 978-89-94491-25-7 13320

◆ 부크온은 한국투자교육연구소 아이투자(itooza.com)의 출판 브랜드입니다.
◆ 파손된 책은 교환해 드리며, 책값은 뒤표지에 있습니다.
◆ 무단전재나 무단복제를 금합니다.

워렌 버핏처럼 사업보고서 읽는 법

김현준 지음

부크온 BOOKOn

차 례

추천사 1	보물창고를 여는 열쇠, 사업보고서 읽기	008
추천사 2	썰물이 빠지기 전에 기본으로 돌아가라	011
추천사 3	공부하는 투자, 손실을 줄이는 지름길	014
머리말	기업 분석의 시작, 사업보고서	017
미리 알아두기	기업 공시의 종류와 사업보고서 읽는 순서	020

1장	새로운 사업, 새로운 가치	024
2장	주식연계채권, 나쁜 것만은 아니다	033
3장	자사주, 좋은 것만은 아니다	040
4장	최대주주의 개인금고, 배당	046
5장	매출원가 산출로 이익 엿보기	060

차례

6장	설비 투자, 성장의 디딤돌	075
7장	Q의 중요성	088
8장	기업이 돈을 벌어온 역사, 자본총계	093
9장	바쁘신 회장님 만나는 법	099
10장	투자유가증권도 팔지 못하면 그림의 떡	110
11장	끝나도 끝난 게 아니다, 지분법 적용 중지 자회사	117
12장	펀드매니저도 잘못 사고 잘못 판다	122
13장	회장님의 '관심종목', 상속과 증여	128
14장	우발채무를 체크해야 하는 이유	135
15장	자산의 돋보기, 주석	145

차례

*16*장	전자공시 알짜 활용법	153
*17*장	실전 – 실제 사업보고서 읽기	189

맺음말　건강한 부의 증식을 기원하며　　236

일러두기

* 이 책에서 보여주는 공시(오른쪽 윗부분에 압정이 꽂혀 있음)는 원본 화면을 그대로 캡처한 것입니다.

예)

1. 회사의 개요
다. 향후 추진하고자 하는 사업
케미칼 관련사업 진출계획이나 구체적 사업계획은 미정

* 제목 앞에  표시가 있는 표나 그래프 등은 저자가 직접 계산하거나 재구성한 것입니다.

* 표에 사용된 'N/A'는 '해당 없음'의 의미입니다.

추천사 1 — 보물창고를 여는 열쇠, 사업보고서 읽기

주식투자자로 살아온 18년의 세월 중 실력이 가장 크게 늘어난 때가 언제였냐고 묻는다면 저는 단연코 군대 시절이라고 답하겠습니다. 사회와 격리되어 다른 짓을 할 여지가 없었던 덕도 있겠지만 그보다는 1999년에 마침 군대에 있었기 때문인 이유가 큽니다. 1999년은 바로 우리나라의 인터넷 공간에 전자공시시스템이 등장한 기념비적인 해였습니다.

상장기업 분석 책자에서 요약 재무제표만을 보고 투자 판단을 해야 했던 초보 투자자에게 회사 내용을 속속들이 알려 주는 사업보고서로 가득 찬 전자공시는 그야말로 기업 정보의 보물창고였습니다. 게다가 사용료도 받지 않는 공짜 서비스라니! 저는 이후 전자공시를 붙잡고 거의 모든 기업들의 속살을 들춰보는 데 젊음을 바쳤습니다.

그러나 전자공시가 등장한지 15년이 흘렀지만 이를 제대로 활용할 줄 아는 투자자는 여전히 일부 전문투자자에 국한된 게 현실입니다. 직접 뒤져서 찾는 정보보다 남이 가공해 준 정보를 더 선호하는 근원적인 인간 성품에서 원인을 찾을 수도 있겠지만, 한편으로는 보물창고의 활용법을 제대로 알려주고자 하는 시도가 이뤄지지 않았다는 이유가 더 커 보입니다. 저 역시 전자공시의 은혜를 입은 사람으로서 도의적 책임을 외면하지 않았나 하는 반성도 듭니다.

그런 의미에서 이번에 출간된 『워렌 버핏처럼 사업보고서 읽는 법』은 개인적인 마음의 부담을 덜어주는 책이라 하겠습니다. 그리고 저자인 김현준 이사는 전자공시를 활용한 기업 분석 안내서를 쓰기에 충분한 자격이 있는 전문가입니다. 그와 3년 동안 함께 가치주를 찾기 위해 투자의 현장을 누볐으니 누구보다 저자의 기업 분석 실력을 잘 아는 터입니다.

첫째, 김현준 이사는 이론과 실전을 겸비한 투자자입니다. 고려대학교 가치투자 동아리에서 학우들과 함께 쌓은 이론과 지식을 바탕으로 기관투자자로 입문해 실전에서 많은 기업들을 탐방하며 남들에 앞서 다수의 가치주들을 찾아낸 이력이 있습니다. 현대그린푸드, 광주신세계, 코스맥스 등은 VIP투자자문 재직 시절 그가 발굴한 대표적인 종목들입니다.

둘째, 그는 일을 체계화하는 데 능합니다. 사실 짧은 시간 안에 많은 기업들을 검토하는 것은 자신만의 확립된 프로세스가 없다면 힘든 일입니다. 본문에 소개되어 있듯이 사업보고서의 많은 항목들을 중요도에 따라 순서를 매기고 체크포인트를 제시하는 것은 책을 위해 만들어 낸 내용이 아니라 그가 현장에서 체득해 직접 적용하며 유용성을 검증한 방법일 것입니다.

솔직히 『워렌 버핏처럼 사업보고서 읽는 법』을 재미있는 책이라 말하기는 어렵습니다. 전자공시에 익숙하지 않다면 진도가 생각만큼 안 나가 답답할지도 모르겠습니다. 하지만 투자를 통한 재미로 인도해 줄 수 있는 좋은 안내서임에는 분명합니다. 투자의 재미는 곧 발견의 기쁨입니다. 모르던 사실의 발견, 숨어 있는 정보의 발견 그리고 이를 통한 빛나는 종목의 발견 말입니다. 이 책의 출간을 기점으로 전자공시가 많은 개인투자자들에게 발견의 기쁨을 제공하는 보물창고로 다가갔으면 하는 바람입니다.

최준철
VIP투자자문 대표이사, 『한국형 가치투자 전략』 저자

추천사 2   썰물이 빠지기 전에 기본으로 돌아가라

아끼던 옛 부하직원이 책을 낸다고 찾아왔을 때, 반가운 마음과 함께 과연 어떤 내용을 담았을까 하여 단숨에 원고를 읽었습니다. 역시나 책의 내용은 저자의 평소 투자 원칙을 잘 담아내고 있었습니다. 저자 김현준 이사는 키움증권 주식운용팀에서 일할 당시 누구보다 펀더멘털에 집중하는 펀드매니저였습니다. 주식 운용이라는 것이 보통은 연차가 쌓여 가면서 개인의 직관에 의존하는 경우가 많아지게 마련인데 저자는 고집스럽게도 기업 본연의 수익모델과 경쟁력에 대해 고민하는 시간이 많았습니다.

돌아보면 김현준 이사의 모니터에는 시세창 대신 항상 사업보고서와 전자공시 창이 여러 개 띄워져 있었던 것 같습니다. 이러한 모습을 발견하고 가장 먼저 맡긴 것도 합병, 분할, 증자, 감자 등의 공시사항을 이용해야 하는 이벤트 펀드였습니다. 이 펀드는 김현준 이사의 손에서 수주, 증설, 영업양수도 등 다양한 범주까지 확대되어 지금에 이르고 있습니다.

이 책 『워렌 버핏처럼 사업보고서 읽는 법』은 투자의 기본을 말하고 있습니다. 우리는 점차 투자 대상과 방법이 다양해지고 고도화되는 시대에 살고 있지만, 그 기저에는 경제와 기업을 꿰뚫는 눈이 필요합니다. 과거 수년간 우리를 지독히도 괴롭힌 서브프라임 모기지 사태가 대표적 사례입니다. 문제가 된 것은 MBS(Mortgage Backed Secuities)였지만, 이것은 이름에서도 알 수 있듯이 주택담보대출 보증서가 기초자산이고, 이는 결국 주택이라는 유형자산과 연결되어 있었습니다. 오르기만 할 것 같던 미국의 주택 가격이 떨어진 것이 2008년 글로벌 금융 위기의 시작인 것입니다. 눈에 보이는 MBS의 수익률이나 수학적으로 계산된 변동성이 아니라 주택 가격에 집중하던 투자자라면 누구나 이 파생상품들의 위험성을 예측할 수 있었을 것입니다.

워렌 버핏은 "썰물이 빠지고 나서야 누가 알몸으로 헤엄쳤는지를 알게 된다"고 하였습니다. 시장 상황이 좋을 때는 누구나 수익을 내지만, 시장 상황이 나빠지면 비로소 투자 실력의 옥석이 가려진다는 뜻입니다. 저는 이 책을 주식투자의 방법론을 찾으시는 분들, 특히 타인의 추천 등으로 최근 수익률이 높은 투자자 분들께 더 권하고 싶습니다. 기초가 없는 성공은 더 큰 손실이나 실패를 예약해 놓은 것임을 저 스스로가 많이 경험해 보았기 때문입니다. 주변의 지인들도 증권회사에 근무한다고 하면 남들 모르는 특별한 정보를 이용하여 수익을 내는 것으로 알고 있는데, 제 경험으로는 특별한(?) 정보로 수익을 내던 꾀돌이형의 사람들은 큰 손실을 보고 하나 둘 사라졌고, 누구나 다 알 수 있는 사업보고서를 꼼꼼히 읽고, 이후 기업의 변화를 그 기초 위에 쌓아 간 돌쇠형의 사람은 단단한 성과 위에 서 있음을 보게 됩니다. 투자의 긴 여정에서 『워렌 버핏처럼 사업보고서 읽는 법』이 여러분과 함께 하는 나침반이 되기를 기대합니다.

엄주성
키움증권 투자운용본부장

추천사 3 공부하는 투자, 손실을 줄이는 지름길

7년 전, 일면식도 없는 학생이 찾아와 "가치투자 동아리의 지도 교수를 맡아달라"고 불쑥 부탁한 것이 김현준 이사와의 첫 만남이었습니다. 당돌한 모습에 호기심이 생겨 주의 깊게 지켜보았는데, 당시 그는 주식투자에 관심을 가진 어린 학생이었습니다. 그가 보통의 동아리 학생들과 다른 점은 특출한 열정과 능력만이 아니었습니다. 다른 학생들은 좋은 투자를 하는 방법을 찾는 데 열심이었다면 그는 올바른 투자 방법을 찾는 것만이 아니라 그것을 알리는 데도 열심이었습니다. 지금 생각해 보니 김현준 이사가 올바른 투자 방법에 관한 책을 쓰는 것은 이미 예정되어 있었던 것 같습니다.

가치투자의 아버지 같은 존재인 워렌 버핏이 대부분의 정보를 사업보고서에서 얻는다는 것은 잘 알려진 사실입니다. 기업의 과거와 현재와 미래가 사업보고서 속에 담겨 있기 때문에 사업보고서만 열심히 읽으면 올바른 투자를 할 수 있다고 흔히들 이야기합니다. 하지만 저는 그런 이야기를 들을 때마다 사업보고서를 제대로 읽는 법은 어디서 배워야 하나 하는 생각이 들었습니다. 사업보고서를 읽는 일이 그렇게 쉬운 일은 아닙니다. 회계학을 가르치고 재무를 연구하는 제게도 그리 쉽지 않은데 일반 투자자가 일년에 몇 번씩 공시되는 사업보고서를 찬찬히 읽고 세세히 이해하기란 어렵습니다. 그래서 사업보고서를 읽는 법을 꼼꼼히 가르치는 책이 있으면 참으로 좋겠다는 생각을 했습니다.

그동안 재무나 회계의 전문 분야에서 주로 연구되었던 전자공시와 사업보고서의 숨겨진 정보를 일반 대중의 관점에서 제대로 다룬 우리나라 서적은 『워렌 버핏처럼 사업보고서 읽는 법』이 처음인 것 같습니다. 일반 대중의 눈높이에 맞춘 이 책의 내용은 다른 주식 책들과 달리 지루하지 않다는 점이 큰 장점입니다. 각 장마다 실제 사례를 들어 이해가 쉽고 다른 기업으로의 응용이 쉽습니다. 자산운용사 펀드매니저는 증권사 애널리스트의 보고서나 상장기업으로부터 직접 얻은 정보를 주로 이용하는 것으로 알려져 있는데, 이 책은 굳은 투자 철학과 창의적 시각을 가지면 공개된 정보만으로도 훌륭한 투자를 할 수 있다는 믿음을 주는 듯합니다.

우리나라의 경제는 고도 성장 단계를 지나 이제 성숙 단계에 진입하고 있습니다. 이런 단계에서는 노동보다 투자의 효율성이 부각됩니다. 고도화된 투자 효율성을 위해서는 합리적이고 더 "똑똑한" 투자자들이 선행 요건입니다. 저자는 투자가 상식적인 수준에서 누구나 할 수 있는 일이라고 강조합니다만 그러기 위해서는 투자자들도 최소한의 공부가 필요합니다. 최근 동양증권의 계열사 CP Commercial Paper 불완전 판매 사태를 보면서도 같은 생각을 했습니

CP 불완전 판매 사태 | CP는 주로 1년 미만 만기의 무담보, 무보증 기업어음을 뜻하며, 발행 결정과 조건의 결정이 회사와 시장의 자율에 맡겨져 있다는 것이 특징이다. (주)동양은 2013년 7~9월 유동성 문제를 해결하기 위해 동양시멘트 주식을 담보로 자산담보부 기업어음(ABCP, Asset Backed Commercial Paper)을 발행한 후 계열사인 동양증권 지점을 통해 위탁 판매했다. 이때 투자자에게 수익성 외의 위험요소를 고지하지 않아 약 5만 여명의 피해자가 발생했다.

다. 판매하는 상품에 대해 몰랐다고 주장하는 직원들이 무능한 것인지 비양심적인 것인지 저는 알 수 없습니다. 하지만 구매하는 상품에 대해 판매직원의 설명에만 의존할 수밖에 없는 일반투자자들의 부족한 금융 지식도 문제라고 생각합니다. 만약 투자자가 이 책을 읽었더라면 (주)동양의 유동성 문제와 분식회계 가능성, 동양시멘트 주식의 담보가치에 대해 평가하는 법을 알고 위험을 회피하여 피해액을 줄일 수도 있었을 것입니다.

이 책은 투자에 있어서 회계 지식의 중요성을 드러내고 있습니다. 아마도 저자가 의도한 바는 아니라고 생각합니다만, 회계를 가르치는 사람 입장에서 반가웠습니다. 많은 투자자들이 주식투자에 있어서 회계 지식의 중요성을 간과합니다. 이 책을 읽다 보면 사업보고서를 제대로 읽기 위해서, 그리하여 결국에 올바른 투자를 하기 위해서 회계 지식이 꼭 필요하다는 것을 알 수 있습니다.

"이렇게 노하우를 낱낱이 공개해 모두 투자를 잘하는 날이 오면 어떻게 하느냐?"고 김현준 이사와 더퍼블릭인베스트먼트 임직원에게 물으면 아마 "그것이야말로 저희가 바라던 바입니다"라고 답할 것 같습니다. 개인적으로는 첫 기업가 제자들이 사업적으로도 성공하기를 원하기 때문에 불안합니다. 하지만 그들은 그때도 여전히 저평가된 기업을 찾을 수 있을 것으로 확신하기 때문에 걱정하지는 않겠습니다. 이 자리를 빌어 대중을 위한다는 그 큰 꿈을 꼭 이루기를 응원합니다.

김진배
고려대학교 경영대학 교수

머리말 기업 분석의 시작, 사업보고서

　개인투자자들은 기관, 외국인 투자자를 적대시하는 경우가 많다. 그 중 개인이 모르는 정보를 미리 알고 개인을 골탕 먹인다는 인식이 주를 이룬다. 하지만 기관, 외국인은 편의상 묶어 분류를 했을 뿐 개인과 마찬가지로 수많은 투자자의 집합체일 뿐이고 특별한 정보를 가지고 있지 않다. 시간 투입을 좀더 많이 한다는 점이 다르다면 다른 점이다. 혹여 정보를 활용해 매매를 하는 일부 펀드매니저가 있다면 오히려 장기 성과가 좋지 않을 것이다. 펀드매니저를 하면서 이것만은 꼭 알리고 싶었다.

　오마하의 현인 워렌 버핏은 유명한 가치투자자이자 세계적인 부호이다. 그 또한 특별한 정보를 통해 수익을 얻는 것이 아니다. 여러 사례를 통해서 잘 알려졌듯 그의 주된 일과는 연차보고서를 읽는 것이다. 10년치 연차보고서를 읽고 나면 회사의 현황뿐 아니라 역사, 문화까지 알 수 있고 이는 미래에 회사가 어떤 모습을 보일지

예측하는 데 큰 도움이 된다고 한다. 투자라는 것은 실로 간단해서 상식적인 수준에서 기업을 분석하고 싼 가격에 도달할 때까지 기다렸다가, 다시 적정한 가격으로 오를 때까지 기다리면 그만이다.

한국에서는 자산총계 100억 원 이상의 주식회사라면 모두 외부 감사를 받게 되어 있고, 상장법인은 분기에 한 번씩 사업보고서(명칭은 1·3분기에는 분기보고서, 2분기에는 반기보고서, 4분기에는 사업보고서로 각기 다르다)를 제출해야 한다. 또한 전통의 IT 강국답게 금융감독원 전자공시시스템(http://dart.fss.or.kr), 한국거래소 상장공시시스템(http://kind.krx.co.kr)에서 누구나 쉽게 찾아볼 수 있다.

하지만 이 사업보고서에는 간단한 지식만 가지고도 이해할 수 있는 간단한 것부터 해당 기업에 대해 잘 알고 여러 번 곱씹어 읽어봐야만 진정한 의미를 찾을 수 있는 것까지 정말 많은 내용이 녹아 있다. 또 1,700여 상장기업의 사업보고서를 모두 읽는 것보다 몇 안 되는 좋은 기업의 10년치 사업보고서를 수차례 반복해서 읽는 것이 투자에 더 도움이 되기에 읽는 법을 익혀두는 것이 중요하다.

이 책은 업종과 규모를 가리지 않은 31개 상장법인을 비롯한 여러 회사들의 실제 사례로 이루어져 있다. 원활한 이해와 투자 실력 향상을 위해서는 직접 컴퓨터 앞에 앉아 당시의 사업보고서와 함께 읽기를 권한다. 단, 그에 대한 해석은 주로 분석 시점 이전의 사업보고서에 의존한 것으로 기업의 실질 및 미래 가치와 상이할 수 있으며, 해당 회사의 공식적인 의견이 아님을 밝혀둔다. 또 혹시라도 이 책에 거론됨으로써 의도치 않게 상심하게 될 회사의 관계자가 계시다면 미리 진심으로 양해를 구하며, 투자 문화 개선을 위해 너그러이 용서해 주실 것을 부탁드린다.

본문에 언급된 상장사 목록 (2013년 12월 기준)

종목명	업종	시가총액 (억 원)
현대모비스	자동차부품	283,806
KT&G	담배	103,930
한국타이어	자동차부품	73,706
코웨이	내구소비재	50,285
KCC	건축자재	46,867
한라비스테온공조	자동차부품	39,555
만도	자동차부품	24,029
파라다이스	호텔 및 레저	23,600
동서	식료품	17,448
포스코켐텍	금속 및 광물	7,384
골프존	호텔 및 레저	7,370
코스맥스	개인생활용품	6,722
한국쉘석유	화학	6,058
서흥캅셀	제약	4,581
KG이니시스	인터넷 서비스	4,273
광주신세계	백화점	4,080
S&T모티브	자동차부품	3,702
S&T중공업	자동차부품	3,621
대한제분	식료품	2,543
진로발효	음료	1,719
한화타임월드	백화점	1,683
한신공영	건설	1,111
이테크건설	건설	1,078
LIG에이디피	디스플레이 및 관련 부품	1,027
아비스타	섬유 및 의복	912
동양고속	육상운수	634
백광소재	건축소재	625
삼목강업	자동차부품	527
DSR제강	금속 및 광물	452
성우몰드	자동차부품	N/A (상장폐지)
에스비엠	컴퓨터 및 주변기기	N/A (상장폐지)

출처 : 더퍼블릭인베스트먼트

기업 공시의 종류와 사업보고서 읽는 순서

상장회사가 발표하는 전자공시는 정기공시, 수시공시, 공정공시의 세 가지로 나눌 수 있다. 정기공시는 투자자에게 기업 내용과 함께 일정 기간의 영업 성과 및 재무 상태를 정기적으로 공시하는 것이다. 정기공시는 다시 (1) 직전 사업연도의 내용을 사업연도 경과 90일 내 제출하는 '사업보고서' (2) 사업연도 개시일부터 6개월간의 내용을 반기 경과 후 45일 내 제출하는 '반기보고서' (3) 사업연도 개시일부터 3개월 및 9개월간의 내용을 분기 경과 후 45일 내 제출하는 '분기보고서'로 나눈다. 이 책 『워렌 버핏처럼 사업보고서 읽는 법』에서 다루는 사업보고서란 이 세 가지 정기공시의 통칭이다. 참고로 사업보고서에는 감사인이 재무제표에 대한 타당성 여부를 논하는 감사보고서, 이사회에 영업의 진행 상황과 결과를 승인 받기 위한 영업보고서, 법인의 조직 및 활동을 정한 근본 규칙인 정관 등이 동시에 수록되어 있다.

수시공시는 (1) 부도 발생, 합병, 주식 교환, 중요한 영업양수도 등의 내용을 당일 또는 익일 이내에 공시하는 '주요 경영 사항의 신고·공시' (2) 주요 경영 사항에 관한 풍문 또는 보도, 발행 주권 등의 가격이나 거래량의 현저한 변동이 있는 경우 거래소가 답변을 요구하고 반일 이내에 답변하는 '조회공시' (3) 그 외 해당 법인이 자율적으로 주요 경영상의 정보를 익일까지 신고하는 자진공시로 나눈다. 이 책에서 수시공시는 "이 공시도 눈여겨 보자"로 언급된다.

마지막으로 '공정공시'는 증권시장을 통해 공개되지 아니한 중요 정보를 기관투자자들에게 선별적으로 제공하고자 하는 경우 모든 시장참가자들이 동시에 같은 정보를 알 수 있도록 공시하는 제도이다. 공정공시에 해당하는 정보로는 '장래 계획 또는 경영 계획', '매출액 등 영업 실적에 대한 전망', '잠정 영업 실적' 등이 있다. 공정공시 의무를 위반할 경우 불성실공시 법인 지정, 매매 거래 정지, 불성실공시 사실의 공표 등 현행 수시공시 위반과 동일한 제재 조치를 부과받는다. 2013년 3분기 실적을 일부 애널리스트에게만 알려줘 자본시장조사단의 조사를 받고 있는 CJ E&M 사건이 대표적 공정공시 위반 사항이라 할 수 있다.

다음으로 사업보고서를 읽는 순서를 짚고 넘어가도록 하자.

실제 사업보고서가 작성된 순서와 투자자들이 사업보고서를 효율적으로 읽을 수 있는 순서에는 차이가 있다. 투자 방식과 시기에 따라 유동적이겠지만, 일반적으로 기업을 공부할 때는 첫째, 주요 사업 아이템과 매출원 등 기업이 무슨 일을 하는지 대강 익힌다. 이때는 연혁을 통해 현재뿐만 아니라 과거의 모습도 훑어보면 좋다. 둘째, 이사의 경영 진단 및 분석 의견 또는 영업보고서를 읽으면서 이 회사의 어떤 부분을 중점적으로 분석할 것인지를 결정한다. 사업보고서를 읽기 전에 이미 투자 아이디어를 가진 상태라면 검증하는 수준에서 가볍게 넘어가도 무방하다. 셋째, 이제부터는 수익모델과 가치사슬value chain(기업활동에서 부가가치 창출에 관련된 일련의 활동, 기능, 프로세스의 연계 과정)에 관련된 것부터 순차적으로 읽어나가면서 회사 추정에 대한 뼈대를 그려 나간다. 넷째, 마지막으로 주석과 재무제표를 읽는다.

실제 사업보고서 순서

본문	I. 회사의 개요	1. 회사의 개요
		2. 회사의 연혁
		3. 자본금 변동 사항
		4. 주식의 총수 등
		5. 의결권 현황
		6. 배당에 관한 사항 등
	II. 사업의 내용	
	III. 재무에 관한 사항	
	IV. 감사인의 감사 의견 등	
	V. 이사의 경영 진단 및 분석 의견	
	VI. 이사회 등 회사의 기관 및 계열회사에 관한 사항	1. 이사회에 관한 사항
		2. 감사제도에 관한 사항
		3. 주주의 의결권 행사에 관한 사항
		4. 계열회사 등의 현황
	VII. 주주에 관한 사항	
	VIII. 임원 및 직원 등에 관한 사항	1. 임원 및 직원의 현황
		2. 임원의 보수 등
	IX. 이해관계자와의 거래내용	
	X. 그 밖에 투자자 보호를 위하여	
	XI. 재무제표 등	
	XII. 부속명세서	
첨부	감사보고서	
	감사의 감사보고서	
	내부감시장치에 대한 감사의 의견서	
	내부회계관리제도운영보고서	
	연결감사보고서	
	영업보고서	
	정관	

분석해봐요! 재구성한 사업보고서 읽는 순서

순서	대목차	소목차	주안점	본문의 관련 장
1	II. 사업의 내용	2. 주요 제품 등에 관한 사항	개별 기업의 기본적 사항	1, 5, 7
		5. 매출에 관한 사항		
	I. 회사의 개요	2. 회사의 연혁		
2	V. 이사의 경영 진단 및 분석 의견		차후 관심을 둘 주제	9
	영업보고서	II. 영업의 경과 및 성과		
3	II. 사업의 내용	1. 사업의 개요	산업 및 포지셔닝	곳곳
4	III. 재무에 관한 사항		가치평가 기초자료	6, 8, 10, 11
	II. 사업의 내용	3. 주요 원재료에 관한 사항		
		4. 생산 및 설비에 관한 사항		
	VI. 이사회 등 회사의 기관 및 계열회사에 관한 사항	4. 계열회사 등의 현황		
5	VII. 주주에 관한 사항		지배구조 및 경영진	4, 5, 13
	VIII. 임원 및 직원 등에 관한 사항			
6	I. 회사의 개요	3. 자본금 변동 사항	재무정책	2, 3, 4
		4. 주식의 총수 등		
		6. 배당에 관한 사항 등		
7	감사보고서	재무제표에 대한 주석	자산 및 부채 상세 내역 외	5, 10, 11, 14, 15
	연결감사보고서	연결재무제표에 대한 주석		
	X. 그 밖에 투자자 보호를 위하여			
8	XI. 재무제표 등		정성적 분석의 정량화	곳곳

출처 : 더퍼블릭인베스트먼트

1장
새로운 사업, 새로운 가치

○ — **사업보고서 이 곳을 보자**

　　I. 회사의 개요 – 1. 회사의 개요

○ — **이 공시도 눈여겨 보자**

　　장래 사업 · 경영 계획

　　회사의 개요에는 회사의 정식 명칭, 본점 주소, 소속 기업집단 등 기초적인 내용이 나와 있다. 본격적인 기업 분석을 하기 전이라도, 심지어는 주식투자에 관심 없는 사람이라도 그 내용을 보고는 금방 고개를 끄덕이게 된다.

　　하지만 회사의 목적사업은 약간 다르다. 우리가 알고 있는 주요 사업 외에도 관련된 업무를 영위하기 위한 다양한 목적사업이 있다는 점에 놀랄 수 있다. 대부분은 주요 사업을 위한 부대사업이거나 기업가치에 영향을 덜 주는 자그마한 사업부이므로 모두 이해할 필요는 없다. 가끔 등장하는 '향후 추진하고자 하는 사업'에 대해서만 챙겨보도록 하자.

〈그림 1-1〉

> **1. 회사의 개요**
>
> 다. 향후 추진하고자 하는 사업
> 케미칼 관련사업 진출계획이나 구체적 사업계획은 미정

출처: 포스코켐텍 2010년 1분기보고서

포스코켐텍은 원래 포스코의 제강로에 쓰이는 내화벽돌 생산업체였다. 우리나라 경제가 성숙해 포스코의 매출이 정체하면서 자연히 포스코켐텍의 매출액도 정체되어 갔다. 그러던 중 2008년 이후 매출액이 급증하는데, 생석회 사업부를 추가하였기 때문이다. 생석회는 석회석을 소성시킨 물질로 쇳물의 불순물인 황을 없애는 데 사용한다.

제강로 | 철광석을 녹여 쇳물을 만드는 도가니.

내화벽돌 | 뜨거운 쇳물에 녹지 않도록 견디는 도가니의 원재료.

소성 | 고체에 힘을 가해 그 성질이 변하는 것. 보통 열가소성의 약자로 열을 가하는 공정을 의미한다.

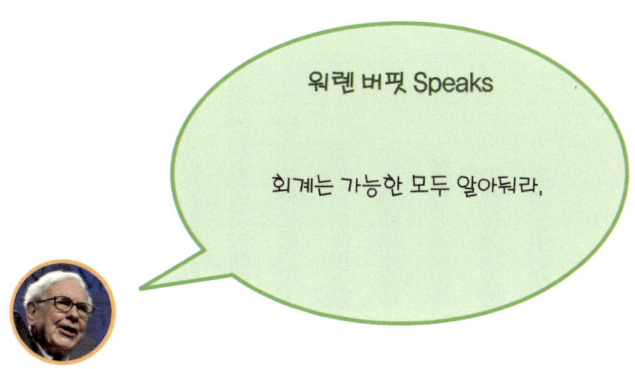

워렌 버핏 Speaks

회계는 가능한 모두 알아둬라.

⟨그림 1-2⟩

기타 주요경영사항에 관한 공시

1. 제목	포스코 석회소성 설비 당사 임대 운영
2. 주요내용	▣ 포항제철소 석회소성설비를 당사가 임대 운영하여 생산된 생석회를 판매할 예정임. -. 목　　적 : 매출액 및 수익성 증대 -. 임대설비 : 포항제철소 석회소성 설비 -. 임대금액 : 89억원/년(추정) -. 임대기간 : 장기임대(1년단위 계약갱신) -. 추진일정 : 2008년 2월 중 -. 기대효과 : 년간 약 1,000억원 매출 증가 예상
3. 결정(확인)일자	2008년 01월 29일
4. 기타 투자판단에 참고할 사항	-
※ 관련공시	-

출처 : 포스코켐텍 기타 주요 경영 사항에 관한 공시 (2008.01.30)

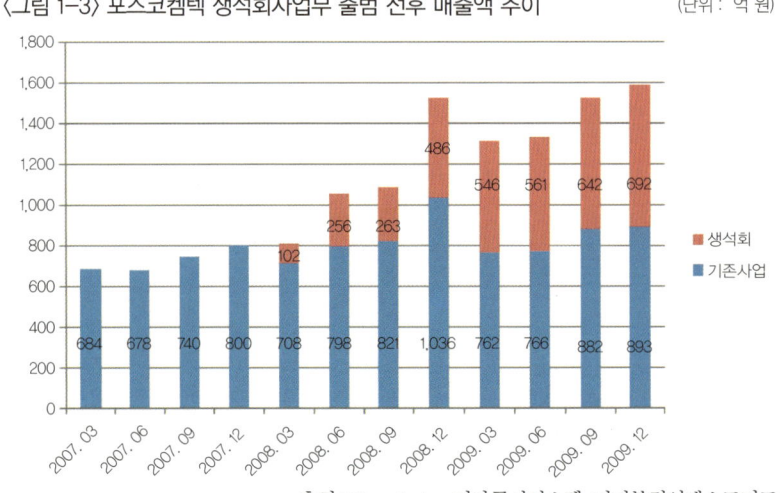

⟨그림 1-3⟩ 포스코켐텍 생석회사업부 출범 전후 매출액 추이 (단위 : 억 원)

출처 : Quantiwise, 전자공시시스템, 더퍼블릭인베스트먼트

이처럼 기업가치에 직접적인 영향을 미치는 사업 계획의 경우는 '장래 사업·경영 계획' 또는 '기타 주요 경영 사항에 관한 공시'를 이용하여 투자자에게 별도로 안내한다.

그러면 이전과 이후의 목적사업을 비교해 보자. 왼쪽과 오른쪽이 '다른 그림 찾기'처럼 닮아 있지만 몇 가지 다른 것이 있다. 그 중 오른쪽의 '8. 석회제품 제조 및 판매'가 눈에 띄지 않는가?

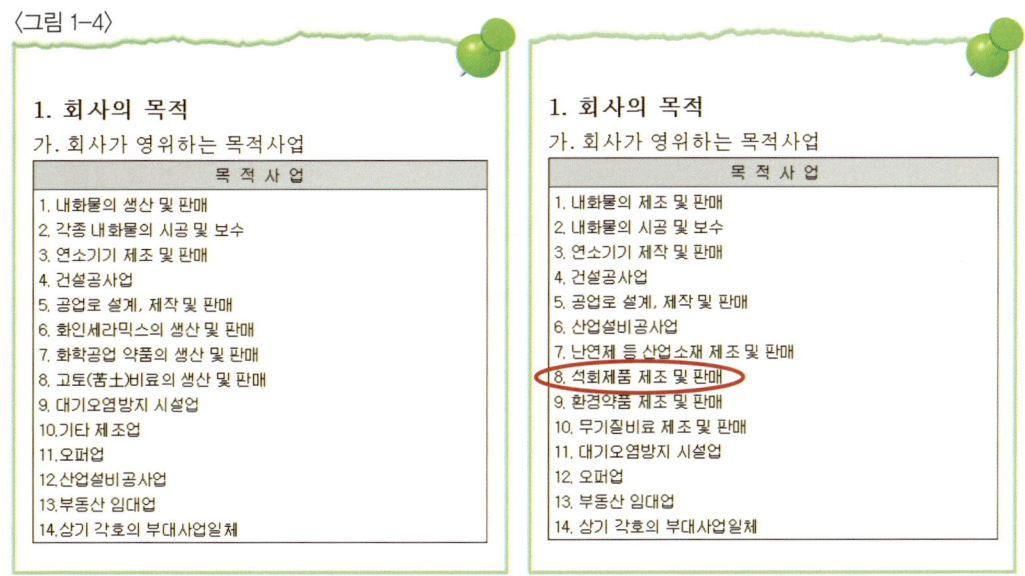

〈그림 1-4〉

출처 : 포스코켐텍 2006년 사업보고서 (왼쪽), 포스코켐텍 2007년 사업보고서 (오른쪽)

포스코그룹은 자회사는 여럿 있지만 주력 회사인 포스코를 제외하면 규모가 미미하다. 그런데 안으로는 내수 시장이 포화되고 밖으로는 중국 제철소의 출혈 경쟁이 만만치 않아 성장의 불씨가 잦아드는 모양새이다. 이에 2011년 당시 정준양 회장이 주창한 포스코 3.0 전략은 해외 진출과 자회사 동반 성장이라는 두 가지가 키워드이다.

코크스 | 점결탄을 건류시킨 고체. 가스 성분이 없어 연소시키기는 어려우나 연소 시 화력과 지속성이 좋아 철광석을 녹이는 데 사용한다.

조경유 | 코크스 제조 시 발생하는 찌꺼기 및 가스를 증류시킨 액체이다.

음극재 | 양극재, 전해질, 분리막과 함께 리튬이차전지의 4대 요소 중 하나로 양극재에 저장된 리튬이온을 받아들이는 역할을 한다. 리튬이차전지 소재 중 국산화가 더디고 가장 부가가치가 높다.

전극봉 | 정화장치의 일종이다. 흑연으로 만든 전극봉은 철 스크랩을 녹이는 전기로 정화용 일회용 소재로 쓰인다.

포스코켐텍은 이러한 전략의 수혜자로 석회소성 설비 임대 운영, 코크스 제조 설비인 화성공장 임대 운영, 화성공장의 부산물인 콜타르 및 조경유 판매를 담당하게 되었다. 아버지가 하던 사업을 물려받은 격이다. 향후에는 이 부산물을 가공해 2차전지의 재료인 음극재와 전극봉까지 생산할 예정이다. 이러한 내용이 모두 "케미칼 관련 사업 진출 계획이나 구체적 사업 계획은 미정", 이 한 마디에 녹아 있다고 생각하면 정신이 번쩍 든다.

〈그림 1-5〉 포스코켐텍 주가(주봉) 차트 (2007~2011)

출처 : 키움증권

 내화벽돌이라는 지루한 사업을 하던 포스코켐텍은 정준양 회장의 포스코 3.0 발표 이후 생석회, 음극재 등 신규 사업을 추가하며 기업가치가 급격히 개선되었다.

워렌 버핏은 흔히 기술주를 기피한다고 알려져 있다. 그러나 최근에는 IBM, 인텔 등 일부 기술주를 사들인 바 있다. 워렌 버핏은 특정 산업을 좋아하거나 싫어하는 것이 아니라 자신이 예측할 수 있는 범주 내에서 투자하는 것이다. 기술주의 경우는 연구개발 실적으로 미래를 예측할 수도 있다. 이제는 잠시 기업의 개요 파트를 떠나 'Ⅱ. 사업의 내용 – 연구개발 활동'을 보자. 연구개발 활동에는 회사가 연구개발비를 얼마나 사용하고 어떻게 회계 처리를 하는지, 그리고 연구개발비를 지출하여 실제 얻어낸 성과에 대해 기록하게 되어 있다.

LIG에이디피는 LG디스플레이 등에 디스플레이 장비를 공급하는 회사다. 장비회사는 고객사의 설비 투자 사이클에 매출이 연동되는 특징을 가지는데, 디스플레이 업계 전반적으로 투자가 부진했던 2012년 실적을 볼 때 LIG에이디피는 영 매력이 없어 보인다. 하지만 연구개발 실적을 보면 약간 생각을 달리할 수 있다.

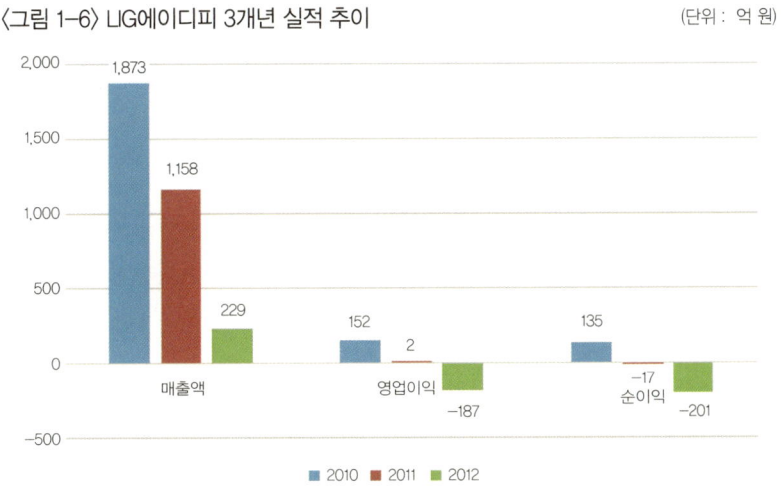

〈그림 1-6〉 LIG에이디피 3개년 실적 추이 (단위 : 억 원)

출처 : LIG에이디피 2012년 사업보고서

〈표 1-1〉 LIG에이디피 특허권 취득

취득일자	특허 명칭	주요 내용
2012.11.29	건식식각장비	기판 건식식각 챔버 덮개의 안정적 개폐
2012.11.29	패널 합착 장치	디스플레이 패널에 터치스크린을 합착하는 과정의 정밀 제어
2013.03.07	OLED 패널 제조용 증착 장비	증발 물질의 상태를 측정하여 정확한 막 두께 산출

출처 : LIG에이디피 특허권 취득 (2012.11.30~2013.03.07)

〈표 1-2〉 LIG에이디피 연구개발 실적

구분	연구 과제		연구 결과 및 기대 효과	개발 기간
LCD	Dry Etcher	ICP SOURCE	LTPS 및 OLED 향(向) 사업 범위 확대	2009.01~
		4.5G/5.5G ICP Dry Etcher	LTPS 국산화 후 국내/해외고객 장비 수주	2010.01~2011.12
		8G ICP Dry Etcher	대형 Oxide TFT 공정용 장비 수주	2011.05~
OLED		열가압 합착기	대면적 OLED 봉지 공정 경쟁력 확보	2010.12~2011.12
		증착기	OLED 전공정 장비 제조로 사업 범위 확대	2011.03~
		ALD	대면적 OLED용 ALD 증착 시장 선점	2013.02~

출처 : LIG에이디피 2012년 사업보고서, 더퍼블릭인베스트먼트

LTPS │ 저온 폴리실리콘으로 일반 폴리실리콘에 비해 전자 이동이 활발해 고품질의 디스플레이 생산이 가능하다.

Oxide │ 산화물 반도체. Poly-Silicon에 비해 전자이동이 활발해 고품질의 디스플레이 생산이 가능하다.

TFT │ 박막 트랜지스터. 디스플레이 화소 하나하나에 모두 반도체 스위치를 부착해 제어한다.

건식식각 │ 기판에 회로를 형성한 후 불필요한 부분을 깎아 내는 것을 식각(etching) 공정이라 하고, 식각 공정은 습식(wet)과 건식(dry)으로 나뉜다. 건식은 습식에 비해 좀더 미세한 공정이 가능하다.

OLED │ 유기발광다이오드. 전류가 흐르면 스스로 빛을 내는 물질.

증착 │ 금속물질을 기화시켜 얇은 막을 형성하는 공정.

봉지 │ 유기물질이 공기 등과 접촉하지 않도록 유리 등으로 감싸 진공 상태로 보호하는 공정.

LIG에이디피는 2009년부터 LTPS Low Temperature Poly-Silicon, Oxide TFT Thin Film Transistor용 건식식각 Dry Etcher, OLED Organic Light Emitting Diodes 증착 Evaporation 및 봉지 Encapsulation 장비 다수를 꾸준히 개발해 왔다. 이 핵심장비들은 제작에 높은 기술력을 요하기 때문에 시장 참여자가 많지 않다. OLED 등 고해상도 디스플레이가 곳곳에 쓰이는 미래가 오면 LIG에이디피의 실적이 개선될 것으로 짐작된다. 혹 경쟁사가 생기더라도 LG가(家)의 방계 회사이면서 LG디스플레

이와 LG전자가 직접 지분 참여도 하고 있는 LIG에이디피는 독점적인 지위를 기대할 수 있다. 이 또한 만일 공개된 실적에만 관심을 가졌다면 알 수 없었을 내용이다. 결국 LIG에이디피는 아래 공시에서 알 수 있듯이 2013년 5월 LG 향 OLED 제조 장비를 대규모로 수주하였다. LG그룹의 OLED 양산 투자는 초기 단계임에도 불구하고 전년 매출액의 2배에 달하는 수준이다.

〈그림 1-7〉

단일판매 · 공급계약체결

1. 판매 · 공급계약 내용		OLED 제조장비
2. 계약내역	계약금액(원)	42,940,000,000
	최근 매출액(원)	22,934,688,160
	매출액 대비(%)	187.23
3. 계약상대방		LG전자(주)
-회사와의 관계		주요주주(5.82%)
4. 판매 · 공급지역		대한민국
5. 계약기간	시작일	2013-05-14
	종료일	2013-08-09
6. 주요 계약조건		-
7. 판매 · 공급방식	자체생산	해당
	외주생산	해당
	기타	-
8. 계약(수주)일자		2013-05-14
9. 공시유보 관련내용	유보기한	-
	유보사유	-
10. 기타 투자판단에 참고할 사항		1. 상기 계약기간종료일은 납기일 기준이며, 양사 간 협의에 따라 변경될 수 있습니다.
		2. 장비명/공급수량은 계약 상대방의 영업비밀 보호 측면에서 기재 하지 않습니다.
		3. 최근 매출액은 2012년 연결재무제표 기준입니다.
	진행사항예정공시일	-
	※ 관련공시	-

출처 : LIG에이디피 단일 판매 · 공급 계약 체결 (2013.05.15)

〈그림 1-8〉 LIG에이디피 주가(일봉) 차트 (2012~2013)

출처 : 키움증권

 LIG에이디피는 사상 최악이라고 회자되는 2012년 LCD 업황 속에서도 묵묵히 연구개발을 하여 2013년 OLED 수혜주로 거듭났다.

★ 꼭 기억하자 ★

회사의 장래 계획을 현재 기업가치와 동떨어진 것으로 생각하지 마라. 나름의 시나리오를 구상하고 검증하라. 가치투자자는 비관론자에게 사서 낙관론자에게 파는 사람이므로, 낙관론자가 무엇을 기대하는지 알아둘 필요가 있다.

2장 주식연계채권, 나쁜 것만은 아니다

⊙ 사업보고서 이 곳을 보자

　　I. 회사의 개요 – 3. 자본금 변동 사항

⊙ 이 공시도 눈여겨 보자

　　전환사채 발행 결정, 신주인수권부사채 발행 결정

　　2장으로 넘어오기 전에 'I. 회사의 개요 – 2. 회사의 연혁'을 읽었으리라 믿는다. 사업보고서상의 연혁은 최근의 것만을 기재하는 경우도 많으니 회사의 홈페이지에 들어가는 정도의 노력은 기울이자. 연혁을 읽을 때는 회사가 힘들었을 때, 잘 나갔을 때와 같은 변곡점에 어떤 의사 결정을 해왔는지 인터넷 뉴스 검색을 곁들이면 회사를 이해하는 데 많은 도움이 된다. 기업은 살아 있는 생물체와도 같아서 그 속성을 쉽게 바꾸기 어렵다. 다시 비슷한 상황이 오면 과거와 같은 행동을 할 가능성이 높다는 뜻이다.

증자 | 자본금을 늘리는 일. 실제로 현금을 납입하느냐에 따라 유상, 무상으로 나뉜다.

감자 | 자본금을 줄이는 일. 실제로 현금을 배당하느냐에 따라 유상, 무상으로 나뉜다.

전환사채 | 원금 대신 발행회사의 주권으로 상환받을 수 있는 회사채.

신주인수권부사채 | 원금의 회수와 함께 발행회사의 신규 주권을 인수할 수 있는 권리를 동시에 지닌 회사채.

기업이 주식시장에 상장하는 이유 가운데 가장 큰 것이 아마 자금 조달일 것이다. 그리고 주식투자가 가지는 사회적 의의는 잉여자본의 배분이다. 때문에 주식을 기업의 소유권이라고 생각하는 건전한 투자자들은 증자 및 감자, 발행된 전환사채 및 신주인수권부사채 등에 의한 기업가치와 주가의 변동을 각오한 채 주식시장에 뛰어들어야 한다. '자본금 변동 사항'에 바로 이런 내역들이 공시된다.

기업의 가치는 주당 가치와 발행주식수의 곱이다. 따라서 발행주식수의 변동은 곧 기업가치의 변동이라고 말할 수 있을 만큼 중요하다.

전환사채(CB)나 신주인수권부사채(BW)는 투자자에게 제한된 위험으로 무한대의 수익을 기대하게 하는 매력적인 상품이다. 역으로 말하면 기업가들이 쉽게 자본을 조달할 수 있는 창구이다.

하지만 상장주식만을 거래하는 일반인들에게는 기업의 성장 기반이면서 주주가치를 희석시킬 수 있는 가능성도 상존한다.

특히나 가치투자자들에게 전환사채와 신주인수권부사채는 금기처럼 여겨져 왔다. 기업의 이익이나 자본은 동일한데 발행주식수가 많아지니 PER(주가수익배수)이나 PBR(주가순자산배수)이 높아진다는 이유 때문이다. 정말일까?

〈그림 2-1〉

나. 전환사채
(2009.06.30 현재)

구 분		제1회 무기명 무보증 사모 전환사채
발 행 일 자		2007.12.10
만 기 일		2011.12.10
권 면 총 액(백만원)		2,000
사채배정방법		사모
전환청구가능기간		2008년 12월 10일 ~ 2011년 11월 10일
전환조건	전환비율(%)	100
	전환가액(원)	5,500
전환대상주식의 종류		보통주
기전환사채	권면총액(백만원)	400
	기전환주식수	72,726
미전환사채	권면총액(백만원)	1,600
	전환가능주식수	290,909
비 고		-

나. 주식관련 사채 발행 현황
(2010.03.31 현재)

구 분		제3회 무보증 신주인수권부사채
발 행 일 자		2007년 12월 05일
만 기 일		2010년 12월 05일
권 면 총 액		3,000,000,000
사채배정방법		무보증사모
신주인수권 행사가능기간		2008년 12월 05일 ~ 2010년 11월 05일
행사조건	행사비율(액면대비)	100%
	행사가액	2,415
행사대상주식의 종류		기명식 보통주
기행사신주 인수권부사채	권면총액	1,800,000,000
	기행사주식수	745,326
미행사신주 인수권부사채	권면총액	1,200,000,000
	행사가능주식수	496,884
비 고		확정행사가격 (2008년 12월 5일)

출처 : 서흥캅셀 2009년 반기보고서 (왼쪽), 코스맥스 2010년 1분기보고서 (오른쪽)

〈표 2-1〉 서흥캅셀 전환사채에 따른 희석, 코스맥스 신주인수권부사채에 따른 희석
(단순 주식수 합산과의 차이점, 연 환산 실적 이용)

구분		자기자본 (억 원)	당기순이익 (억 원)	부채총계 (억 원)	발행주식수 (주)	주당순자산 (원)	주당순이익 (원)	부채비율
서흥캅셀	전환 전	1,178	146	526	11,278,206	10,446	1,295	44.7%
	전환 후	1,194	147	511	11,569,115	10,322	1,268	42.8%
코스맥스	행사 전	439	69	703	12,491,804	3,514	552	160.2%
	행사 후	451	70	703	12,988,688	3,472	537	156.0%

출처 : 더퍼블릭인베스트먼트

연 환산 | 실적, 수익률 등을 1년 기준으로 다시 산출하는 일. 서흥캅셀과 코스맥스의 실적은 과거 4개 분기의 것을 합산하는 트레일링(trailing) 방법을 사용하여 환산한다.

전환사채와 신주인수권부사채는 모두 발행주식수가 늘어난다는 점은 동일하다. 따라서 기존 발행주식총수에 미전환사채의 전환 가능 주식수 또는 미행사신주인수권부사채의 행사 가능 주식수를 더해주면 된다. 희석 후 발행주식수는 서흥캅셀이 1,156만 9,115주, 코스맥스는 1,298만 8,688주가 된다. 여기서 끝이 아니다. 전환사채는 전환된 만큼 이자발생부채가 자기자본으로 대체되고, 신주인수권부사채는 행사된 만큼 현금성 자산이 늘어난다. 서흥캅셀은 이자발생부채 16억 원과 연간 6,400만 원의 이자 부담(전환사채 조달금리 4%, 법인세율 24.1%)을 덜게 되고, 코스맥스는 12억 원의 현금성 자산과 8,600만 원의 이자 수익(평균 운용금리 7.2%, 법인세율 23.3%)을 얻게 되는 것이다. 가치평가 방법에 따라 정도의 차이는 있겠지만 전환사채와 신주인수권부사채가 기업가치에 영향을 주는 것은 주식 수만이 아니다.

〈표 2-2〉 서흥캅셀 전환사채 축소, 코스맥스 신주인수권 대금 납입 감안 시 적정주가 변화 (적정 PER 10배, PBR 1배 가정)

배수 | 정수 a를 0이 아닌 정수 b로 나누었을 때 그 몫이 정수이면 a를 b의 배수라 한다. 주식시장에서는 이익이나 자산에 PER이나 PBR과 같은 적당한 배수를 곱해 기업가치를 산정한다.

가치평가 기준	분석 대상	주당 가치 증감	배수(multiple)	적정주가 증감
PER (주당순이익 이용)	서흥캅셀	+4원	10.0×	40원
	코스맥스	+5원	10.0×	50원
PBR (주당순자산 이용)	서흥캅셀	+139원	1.0×	139원
	코스맥스	+92원	1.0×	92원

출처 : 더퍼블릭인베스트먼트

서흥캅셀의 전환사채 축소에 따른 이자발생부채 및 이자비용 감소를 감안하면 주당순이익은 4원, 주당순자산은 139원 증가한다. 이 경우 이를 무시한 채 희석된 주식수만을 생각한 투자자보다 적정주가를 40원(PER 밸류에이션)에서 139원(PBR 밸류에이션)까지 높게 책정할 수 있다. 같은 방식으로 코스맥스의 신주인수권 대금 납입에 따른 현금성 자산 및 이자 수익 증가를 감안하면 주당순이익은 5원, 주당순자산은 92원 증가한다. 이 경우 역시 50원(PER 밸류에이션)에서 92원(PBR 밸류에이션)의 주당 가치를 더 얻은 것이다.

〈그림 2-2〉

라. 행사가격의 조정:
① 시가를 하회하는 유상증자, 주식배당 등 주가 희석 요인이 발생하는 경우에는 다음과 같이 행사가액을 조정한다. 단, 조정 후 행사가액이 액면가액을 하회하는 경우에는 액면가액으로 하며, 원단위 미만은 절상한다.
▶ 조정후 행사가액 = 조정전 행사가액 × (기발행주식수 + 신발행주식수 × 1주당 발행가액 ÷ 시가) ÷ (기발행주식수 + 신발행주식수)
② 합병, 자본의 감소, 주식분할 및 병합 등에 의하여 "행사가액"의 조정이 필요한 경우에는 협의에 의하여 행사 가액을 조정한다.
③ 시가 하락에 의한 조정 시 발행일(2008년 10월 9일) 후부터 3개월까지는 매1개월마다, 그 후는 매 3개월마다 기산일 직전일로부터 소급한 1개월 거래량 가중평균 종가, 1주일 거래량 가중평균 종가 및 최근일 종가를 산술 평균한 가액과 최근일 종가 중 높은 가액이 직전 행사가액보다 낮은 경우에는 그 낮은 가액을 새로운 행사가격으로 한다. 행사가액의 최저 조정한도는 최초행사가액의 70%에 해당하는 가액으로 한다.
④ Refixing 변경기한 : 2012년 7월 9일.

출처 : KG이니시스 신주인수권부사채 발행 결정 (2010.02.26)

 〈표 2-3〉 KG이니시스 신주인수권부사채 리픽싱(Refixing)

구분	권면총액	행사가액	행사 가능 주식 수	발행주식 총수	희석비율
최초	3,644,000,000	3,540	1,029,379	12,835,860	8.0%
조정 후	3,644,000,000	2,893	1,259,592	12,835,860	9.8%

출처 : 더퍼블릭인베스트먼트 (2010.05.02.)

행사(전환)가격의 조정, 이른바 리픽싱도 주의해야 한다. 희석 가능 지분을 가진 회사의 주가가 하락할 경우 희석비율이 더 커진다.

이미 전환 조건과 행사 조건이 명시되어 있는데 (기억이 가물가물하다면 위 서흥캅셀과 코스맥스의 공시를 다시 보자) 어떻게 된 일일까? 때에 따라 조건이 변경될 수 있다는 중요한 내용은 자본금 변동사항에 나오지 않는다. '사채 발행 결정'이나 '투자설명서' 공시에서 찾아야 한다. 희석 가능 지분을 가진 투자자의 기대수익은 보통주 가격에 연동되어 있다. 따라서 보통주의 가격이 하락하면 수익 실현 가능성이 그만큼 낮아지는 위험이 있다. 이러한 위험을 회피하기 위해 전환가격이나 행사가격을, 하락한 주가와 연동해 다시 산정하는 리픽싱 조항을 삽입하는 것이다.

쉽게 돈을 빌릴 수 있는 회사의 경영자라면 지분이 희석될 수 있는 위험을 무릅쓰고 전환사채나 신주인수권부사채를 발행하지 않는다. 다시 말해 회사의 재정 상황이 썩 좋지 않아 채권자가 갑(甲)의 위치에 서 있기 때문에 생기는 것이 리픽싱이다. 리픽싱이 될 경우 이자발생부채의 축소 규모 또는 현금성 자산의 유입 규모는 동일한 데 반해 발행되는 주식의 수가 증가하여 주당 가치에 부(−)의 영향을 준다. 위 KG이니시스 신주인수권부사채는 행사가격이 최초 3,540원에서 2010년 5월 2일 기준 2,893원으로 낮아졌다. 그래서 추가로 발행해야 할 주식이 23만 주, 비율로 보면 1.8%p 더 희석되었다.

한편 신주인수권부사채는 경영자의 욕심을 채우기 위해서도 쓰인다. 채권자가 신주인수권을 행사하면 대주주의 지분도 같이 희석되어야 마땅하지만, 좋은 조건으로 채권을 발행해 주는 대신 이면계약으로 신주인수권의 일부를 대주주가 헐값에 되사는 일이 횡행했다. 회사는 필요도 없는 돈을 빌리고 대주주는 싼값에 지분을

분리형 사모 신주인수권부사채 | 신주인수권만을 분리해 매매가 가능한 구조로 (분리형) 특정한 소수 투자자를 모집해 발행한 (사모) 신주인수권부사채.

늘리는 꼼수인 것이다. 결국 분리형 사모 신주인수권부사채 발행이 2013년 8월 금지되기에 이르렀다. 더욱 씁쓸한 것은 금지되기 직전 마치 보험상품의 절판 마케팅을 연상케 하듯 정말 많은 기업들이 신주인수권부사채를 무분별하게 발행했다는 사실이다.

★ 꼭 기억하자 ★

- 전환사채, 신주인수권부사채는 주식 수를 늘리지만 현금도 늘린다. 기업가가 왜 현금이 필요한지 생각해 보라.

- 리픽싱 조항은 꼭 확인하라.

- 잃는 것만이 손실이 아니다. '보수적'이라는 말 뒤에 숨어 분석을 게을리해 잠재 수익을 놓치는 것도 손실이다. 분석은 정확하게, 투자 집행은 보수적으로 하라.

3장 자사주, 좋은 것만은 아니다

○ **사업보고서 이 곳을 보자**

  I. 회사의 개요 – 4. 주식의 총수 등

○ **이 공시도 눈여겨 보자**

  이익소각결정, 자기주식취득신고서

　　보통의 투자자들은 시가총액, 순이익, 순자산 등의 전체 기업가치보다는 주가, 주당순이익(EPS), 주당순자산(BPS) 등의 주당 가치에 익숙하다. 아마도 주식을 기업의 분할된 소유권이라고 생각하기보다는 하나의 매매 대상으로 보기 때문일 것이다. 하지만 주식을 이야기할 때 공동 출자라는 개념을 떼어놓고 생각할 수 없기 때문에 주식 수는 누가 뭐라 해도 기업 분석에 있어 중요한 요소 중 하나이다.

　　사업보고서의 'I. 회사의 개요 – 4. 주식의 총수 등'에는 발행할 주식, 발행한 주식, 감소한 주식, 발행주식, 자기주식, 유통주식의 수가 모두 기재되어 있다. 이 중 발행할 주식은 정관상 정해져 있는 한도로 정관의 변경에 따라 수시로 변경될 수 있으니 큰 의미는 없다. 발행한 주식과 발행주식은 약간의 차이를 가진다. 회사는 한 번 주식을 발행했더라도 자본금 축소, 결손금 벌충 등을 위해 감자를 할 수 있는데, 발행한 주식에서 감소한 주식을 빼면 현재의 발행주식이 된다. 여기에서 다시 자기주식수를 제하면 일반 주주들이 매매할 수 있는 유통주식수가 산출된다.

> **간단 재무상식**
>
> 유통주식수 = 발행주식수 − 감소주식수 − 자기주식수

일반적으로 자사주 매입은 유통주식수를 줄이기 때문에 전환사채, 신주인수권부사채 발행과는 반대로 주당 가치를 제고시킨다고 알려져 있다. 그러나 자사주도 엄밀히 따지자면 하나의 투자유가증권이나 마찬가지이기 때문에 섣불리 단정지을 수 없다. PER 가치평가는 자산가치를 전혀 인정하지 않기 때문에 유휴 현금으로 자사주를 매입할 경우 주당순이익(EPS)이 증가하는 효과를 볼지 모른다.

하지만 PBR 가치평가에서 자사주를 매입하면 자기주식의 가격의 변동에 따라 주당순자산(BPS)이 변동한다.

〈그림 3-1〉

취득방법		주식의 종류	기초	변동			기말	비고
				취득(+)	처분(−)	소각(−)		
직접 취득	법 제165조2에 의한 취득	보통주(주)	10,093,697	0	0	0	10,093,697	
		우선주(주)	−	−	−	−	−	
	법 제165조2 이외의 사유에 의한 취득	보통주(주)	0	0	0	0	0	
		우선주(주)	−	−	−	−	−	
소 계		보통주(주)	10,093,697	0	0	0	10,093,697	
		우선주(주)	−	−	−	−	−	
신탁계약 등을 통한 간접취득		보통주(주)	0	0	0	0	0	
		우선주(주)	−	−	−	−	−	
총 계		보통주(주)	10,093,697	0	0	0	10,093,697	
		우선주(주)	−	−	−	−	−	

출처 : KT&G 2010년 1분기보고서

 〈표 3-1〉 자기주식에 따른 KT&G 주당 가치 (자사주 매입단가 8만 원 가정)

구분	자기자본	총포괄손익	주식 수	BPS	EPS
자기주식수 미차감	3,889,145,189,659	772,619,869,285	137,292,497	28,327	5,628
자기주식수 차감	3,889,145,189,659	772,619,869,285	127,198,800	30,575	6,074
주가 60,000원	4,494,767,009,659	570,745,929,285	137,292,497	32,739	4,157
주가 80,000원	4,696,640,949,659	772,619,869,285	137,292,497	34,209	5,628
주가 100,000원	4,898,514,889,659	974,493,809,285	137,292,497	35,679	7,098

출처 : 더퍼블릭인베스트먼트

 * 본문의 이해를 돕기 위해 EPS(주당순이익)의 분자를 당기순이익이 아닌 총포괄손익으로 계산하였다.

    자사주 매입은 (1) 소각 목적의 직접 취득 (2) 주가 안정 목적의 직접 취득 (3) 주가 안정 목적의 신탁 취득의 세 가지로 나뉜다. 그 중 두 번째와 세 번째, 주가 안정 목적의 자사주 매입은 소각이 불가능하기 때문에 유의해야 한다. 결국 때가 되면 다시 시장에 내다

팔아야 한다는 뜻이므로, 기업가치를 잘 계산하여 지분율에 따라 향후 현금으로 유입될 것으로 봐야 한다. 앞의 KT&G 사례를 보자. 자기주식수를 차감하면 그렇지 않았을 때보다 BPS가 2,248원, EPS가 446원 증가하여 기업가치가 증가한 것처럼 보인다. 그러나 향후 자기주식을 매각했을 때를 가정해 보면 적정주가에 따라 BPS와 EPS가 각기 다르다. 심지어 평균 매입단가보다 낮은 주당 6만 원에 매각할 경우의 EPS는 자기주식수를 감안하기 전보다 1,471원 하락한다. KT&G의 주당 가치를 산출하기 위해서는 유통주식수 1억 2,719만 8,800주보다는 발행주식수 1억 3,729만 2,497주로 나누고 현금성자산 계정에 자사주 8,075억 원(적정주가 8만 원 기준)을 더해 주는 것이 더 적합하다. 유통주식수로 계산한 PER로만 가치평가를 했다면, 회사가 자사주 매각을 할 경우 유통주식수가 다시 늘어나 계산했던 주당순이익이 희석되어 기업가치가 변하는 일도 발생할 수 있기 때문이다.

〈그림 3-2〉

II. 보고 내용

1. 취득목적
   - 주주이익 극대화를 위한 이익소각

2. 이익 소각을 위한 자기주식 취득예정금액 및 취득금액 한도
   가. 취득예정금액 : 101,250,000,000원
   ※ 취득예정금액은 취득에 관한 이사회 결의일(2009. 9. 3) 종가(67,500원)에 취득하려는 주식수를 곱한 금액으로, 향후 주가변동에 따라 취득예정금액은 변경될 수 있음.

6. 취득예상기간 및 보유예상기간
   가. 취득예상기간 : 2009년 9월 7일 ~ 2009년 12월 4일
   나. 보유예상기간 : 자기주식 취득완료 후 지체없이 소각

I. 자기주식의 취득개요

1. 취득목적

취득목적1	자기주식 가격안정
취득목적2	-
기 타	-

2. 취득예정금액
   가. 취득예정금액
   취득예정금액 : 86,400,000,000 원
   • 3,000,000주 ×@28,800원(이사회결의일 전일종가)

7. 취득후 보유하고자 하는 예상기간 등
   최종취득일로부터   최종취득일로부터 6개월 이상

출처 : KT&G 주요 사항 보고서 (2009.09.04) (왼쪽), 자기주식취득신고서 (2004.08.12) (오른쪽)

이익소각 | 자사주 소각은 회사가 자기주식을 취득하여 없애는 방법으로 발행주식수를 줄이는 것을 의미한다. 이 중 이익잉여금 중 배당가능이익을 재원으로 하는 것을 이익소각이라고 한다. 자본금을 축소하는 감자소각과 대비되는 개념이다.

〈표 3-2〉 이익소각에 따른 KT&G 주당 가치 변화

구분	자기자본	당기순이익	발행주식수	BPS	EPS
소각 전	3,702,271,801,523	939,998,327,284	138,792,497	26,675	6,773
소각 후	3,601,021,801,523	939,998,327,284	137,292,497	26,229	6,847

출처 : 더퍼블릭인베스트먼트

　소각 목적의 직접 취득은 다르다. 앞의 왼쪽과 같은 공시를 발견했다면 현금성자산에서 취득 예정 금액 1,012억 원을, 발행주식총수에서 취득 예정 주식수 150만 주(1,012억 원÷6만 7,500원)를 차감해야 한다. 하지만 사업보고서 '주식의 총수 등' 항목에서 파악한 자사주 계정은 크게 신경 쓸 필요는 없다. 왜냐하면 자사주는 매입 시에 목적이 정해지고 변경할 수 없으며, 소각 목적일 경우는 관련법상 취득 완료된 시점에서 바로 소각하므로 정기공시에 드러나지 않기 때문이다. 또 유상감자와 동일한 효과를 지니므로 '자기주식 취득/처분'이 아니라 '주요 사항 보고' 공시 대상이라는 점도 기억해두면 전자공시시스템에서 검색할 때 유용하다. 결론적으로 자사주 매입은 소각할 때에만 의미가 있고, 주당 가치 제고나 희석의 계산보다는 최대주주의 지분 또는 주가에 대한 관심, 회사의 주주 정책을 가늠하는 동태적인 척도로 사용해야 한다.

★ 꼭 기억하자 ★

- 자사주, 무조건 좋은 것은 아니다. 먼저 해당 기업의 적정주가를 구해야만 가치평가에 반영할 수 있다.

- EPS, BPS가 기업가치의 전부를 설명하지는 않는다.

최대주주의 개인금고, 배당

○── 사업보고서 이 곳을 보자

I. 회사의 개요 – 6. 배당에 관한 사항 등
VII. 주주에 관한 사항

브릿지게임 | 52장의 트럼프 카드로 즐기는 게임으로 포커와 쌍벽을 이루지만 돈을 걸지 않고 운적인 요소를 배제한다는 점이 다르다. 워렌 버핏과 빌 게이츠 등이 마니아로 알려져 있다.

많은 가치투자자들이 배당주를 찾기 위해 노력한다. 하지만 의외로 워렌 버핏은 배당보다는 재투자와 자사주 매입을 더 선호한다. 기업이 배당이나 자사주 매입을 하는 것은 기존 사업만으로는 더 이상 성장하기 어렵다는 안타까운 소식과도 같기 때문이다. 특히 현금 배당 후 세금을 떼고 난 금액으로 다시 그 기업의 주식을 사는 일은 번거롭기 짝이 없고, 만일 또 다른 훌륭한 기업을 찾아야 한다면 그것은 훨씬 더 어려운 일이다. 워렌 버핏이 유독 경영진에 엄격한 잣대를 들이대는 것도 달리 말하면 투자를 집행한 이후에는 그들에게 맡기고 편하게 브릿지게임을 즐기고 싶기 때문일지도 모른다.

흔히 배당주 투자는 액면배당률, 배당성향, 시가배당률 중 하나라도 일관성을 유지해야만 가능한 것으로 알려져 있다. 액면배당률이 일정하면 주당배당금이 일정하므로 채권과 같이 투자하면 된다. 배당성향이나 시가배당률이 일정하면 투자 시점의 순이익이나 주가로 배당수익률을 추정해 볼 수 있다. 하지만 그렇지 않더라도 회사의 배당에 관해 힌트를 얻는 방법이 있다.

액면배당률 | 주당배당금/액면가. 기업 설립 초기 액면가로 투자한 사람들의 연간 배당수익률.

배당성향 | 배당총액/당기순이익. 한 해 벌어들인 이익 중 주주에게 현금으로 환원하는 정도.

시가배당률 | 주당배당금/주가. 특정 시점에 주식을 매입했을 때 기대되는 연간 배당수익률.

〈그림 4-1〉

(최대주주의 개요)
최대주주인 로열더취쉘그룹은 1907년 영국의 쉘운송 및 무역회사와 네덜란드의 로열더취석유회사가 합병하여 탄생한 세계적인 석유메이저입니다
오늘날 쉘은 원유탐사 및 채굴, 석유생산, 가스, 석탄, 화학등 에너지 관련 모든 분야에서 활약하고 있으며, 전세계 100여개국에서 운영하고 있으며 종업원수는 102,000명에 달합니다

가. 최대주주 및 그 특수관계인의 주식소유 현황

[2010년 3월 31일 현재] (단위 : 주, %)

성 명	주식의 종류	소유주식수(지분율)						변동 원인
		기 초		증 가	감 소	기 말		
		주식수	지분율	주식수	주식수	주식수	지분율	
Shell Petroleum N.V 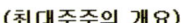	보통주	700,000	53.85	-	-	700,000	53.85	
계	보통주	700,000	53.85	-	-	700,000	53.85	
	우선주	-	-	-	-	0	0	
	합 계	700,000	53.85	-	-	700,000	53.85	

출처 : 한국쉘석유 2010년 1분기보고서

한국쉘석유의 최대주주는 로열더치쉘Royal Dutch Shell 그룹이다. 이 기업 집단의 본업은 유전 탐사 및 개발, 석유화학제품 생산으로 하

시추 | 지하자원을 탐사하거나 지층을 조사하기 위하여 땅속 깊이 구멍을 파는 일.

나같이 대규모의 자금이 소요되는 사업이다. 유전이라고 하면 떼돈을 번다고 생각할 수도 있겠지만 그것은 성공했을 때의 일이고, 그 확률은 상당히 낮다. 수많은 지역을 탐사하고 시추를 한 뒤에야 하나의 상업성 있는 유전을 찾을 수 있다. 그래서 전세계 자회사들로부터 배당금을 수취하여 투자의 재원으로 활용한다.

〈그림 4-2〉

구 분		제49기	제48기	제47기
주당액면가액 (원)		5,000	5,000	5,000
당기순이익 (백만원)		31,326	12,133	15,087
주당순이익 (원)		24,097	9,333	11,605
현금배당금총액 (백만원)		26,000	7,800	12,350
주식배당금총액 (백만원)		-	-	-
현금배당성향 (%)		83	64	82
현금배당수익률 (%)	보통주	16.6	8.1	11.6
	우선주	-	-	-
주식배당수익률 (%)	보통주	-	-	-
	우선주	-	-	-
주당 현금배당금 (원)	보통주	20,000	6,000	9,500
	우선주	-	-	-
주당 주식배당 (주)	보통주	-	-	-
	우선주	-	-	-

출처 : 한국쉘석유 2010년 1분기보고서

이때 전제 조건은 그 자회사가 성숙된 시장에 있어 자체적인 투자가 필요하지 않다는 것인데, 윤활유 사업은 공급 초과 시장이라는 코멘트와 낮은 가동률로 보아(〈그림 4-3〉 참고) 생산 능력을 확충하는 것보다는 확보한 고객을 만족시켜 꾸준한 매출액을 일으키는 것이 더 중요한 요소로 판단된다. 그렇다면 주당배당금, 배당성향, 시가배당률 모두 일정한 것 하나 없지만 한국쉘석유가 창출하는 이익의 대부분이 배당을 통해 모회사로 흘러간다는 것은 의심할 여지가 없다. 따라서 공급 초과 시장에서도 꾸준한 수익을 낼 수 있다는 확신만 있다면 배당투자 대상으로 손색이 없다.

〈그림 4-3〉

(4) 국내시장여건
윤활유시장은 완전 경쟁 상태이며 윤활유 제조업체가 난립함으로써 <u>공급초과 시장 상황에서</u>, 당사의 경쟁요인은 품질, 브랜드 이미지, 그리고 고객만족을 위한 서비스 차별화로 고정고객의 확보등이 중요 요소로 부각되며 지속적인 기술지원으로 고객들로 하여금 제품의 신뢰성을 가지도록 하는것이 중요합니다.

(2) 당해 사업연도의 가동률

(단위 : 시간)

사업소(사업부문)	분기가동가능시간	분기실제가동시간	평균가동률
윤활유	850	564	66.35(%)
그리스	1,500	1,381	92.07(%)
합 계	2,350	1,945	82.77(%)

출처 : 한국쉘석유 2010년 1분기보고서

선박의 윤활유는 건조 단계에서부터 이미 사용할 브랜드와 품질 수준이 정해져 있고, 운항 중 정박하는 지역에서 동일한 윤활유를 공급받는다. 한국쉘석유는 모회사인 로열더치쉘 그룹의 한국지사 개념으로 보아야 하고, 로열더치쉘 그룹은 아주 오래 전부터 대형 선주(船主)들과 끈끈한 네트워크로 연결되어 있어 별다른 영업을 하지 않아도 손쉽게 시장점유율을 지켜올 수 있었다.

〈그림 4-4〉 한국쉘석유 과거 10년간 주당순이익 및 배당금 추이 (단위 : 원)

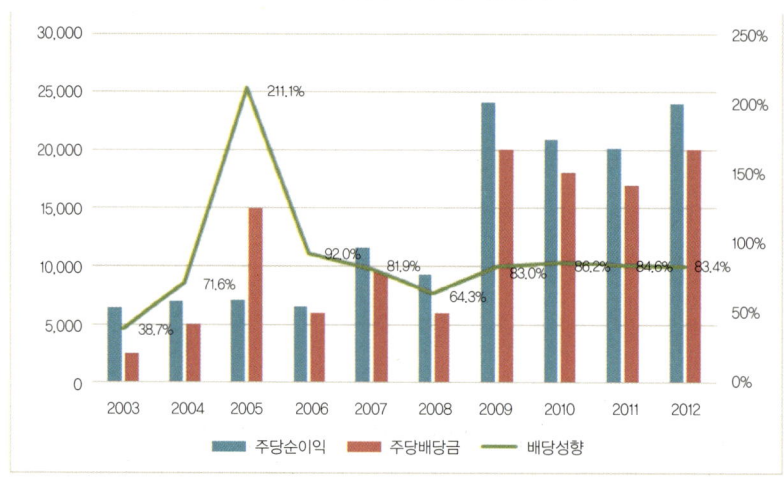

출처 : 한국쉘석유 사업보고서

〈그림 4-5〉 한국쉘석유 주가(월봉) 차트 (2003~2013)

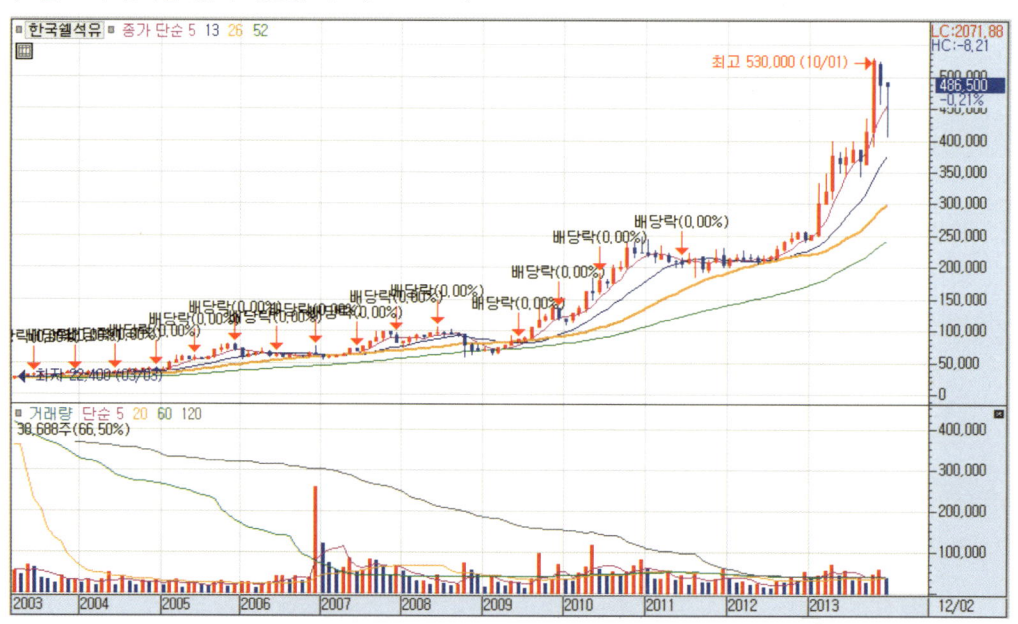

출처 : 키움증권

> 흔히 배당주로만 인식되는 한국쉘석유는 모회사인 로열더치쉘 그룹의 강력한 경제적 해자 덕택에 제품 가격을 꾸준히 올리며 이익과 주가 모두 장기 우상향하고 있다. 최근에는 저금리 기조가 장기화되면서 배당주에 대한 프리미엄까지 부여할 수 있겠다.

코스맥스는 조금 더 복잡한 사례이다. 2010년 5월 17일 이경수 회장의 부인 서성석 부사장은 보통주 45만 주를 장내 매도했다. 언뜻 보면 발행주식의 3.6%에 달하는 큰 규모이다. 그러나 당일 신주인수권 행사를 통해 실질적으로 주식은 216주, 지분율은 0.5%p 감소에 그쳤다. 동시에 15억 원의 현금을 손에 쥐었다. 신주인수권 행사가액이 보통주 처분단가보다 훨씬 싸기 때문에 가능한 일이다(공시와 표 참고).

〈그림 4-6〉

다. 세부변동내역

보고사유	변동일	특정증권등의 종류	소유 주식 수 (주)			취득/처분 단가(원)	비 고
			변동전	증감	변동후		
장내매도(-)	2010년 05월 17일	보통주	1,532,190	-450,000	1,082,190	5,320	-
신주인수권 증권의권리 행사(+)	2010년 05월 17일	보통주	1,082,190	449,784	1,531,974	2,001	-
전환등(-)	2010년 05월 17일	신주인수권표시증서	1,531,974	-449,784	1,082,190	2,001	-
합 계			1,532,190	-450,000	1,082,190	-	-

출처 : 코스맥스 임원·주주 특정 증권 등 소유 상황 보고서 (2010.05.20)

〈표 4-1〉 코스맥스 서성석 부사장 지분 변동 내역

구분	변동 전	매도 후	행사 후
소유 주식 수	1,532,190	1,082,190	1,531,974
발행주식 총수	12,491,804	12,491,804	12,941,588
지분율	12.3%	8.7%	11.8%
현금 유입	0	2,394,000,000	1,493,982,216

출처 : 전자공시시스템, 더퍼블릭인베스트먼트

주식 처분 대금 = 450,000주 × 5,320원 = 2,394,000,000원
신주인수권 행사 비용 = 449,784주 × 2,001원 = 900,017,784원
차액 = 1,493,982,216원

가끔 언론에서 주식평가액을 가지고 부자 순위를 매기기도 하지만 정작 최대주주에게 본인 회사 주식은 처분 대상이 아니다. 따라서 최대주주가 주식을 처분하는 경우는 개인적으로 자금이 필요할 때 발생한다. 실제로 코스맥스의 이경수 회장은 샐러리맨 출신으로 창업을 하여 대출이 많다. 그런데 회사에 대한 애정과 향후 성장에 대한 자신감이 있어 절대 지분을 줄이고 싶어 하지는 않는다고 한다. 그래서 생각해 낸 것이 신주인수권부사채 발행이다. 당시 사측도 지분 매각이 최대주주 개인의 대출을 상환하기 위한 목적이라고 밝혔다.

〈그림 4-7〉

가. 임원의 현황
보고서제출일 현재 당사의 임원은 등기임원 5명입니다.

(단위 : 주)

직 명 (상근여부)	성 명	생년월일	약 력	담당 업무	소유주식수		선임일 (임기만료일)
					보통주	우선주	
대표이사 (상 근)	이경수	46.05.30	70.02 : 서울대 약학과 졸 73.09~76.04 : 동아제약 영업담당 76.05~81.09 : 오리콤 AE담당 81.10~92.07 : 대웅제약 마케팅 전무이사 역임	경영 총괄	1,785,850	–	2008.03.21 (2011.03.21)
대표이사 (상 근)	송철헌	50.10.27	73.02 : 연세대 화공학과 졸 75.07 : LG생활건강 입사 95.01~02.01 : LG생활건강 화장품 공장장 03.01~04.03 : LG생활건강 화장품 사업부장 1992~2001 : CGMP 위원회 위원	생산 총괄	–	–	2008.03.21 (2011.03.21)
부 사 장 (상 근)	서성석	52.10.05	76.02 : 숙명여대 졸	경영 관리	1,082,406	–	2008.03.21 (2011.03.21)
사외이사 (비상근)	이상우	51.03.12	77.02 : 서울대 미학과 졸 현 한국종합예술학교 교수	사외 이사	–	–	2010.03.19 (2013.03.19)
감 사 (상 근)	고광세	42.07.27	공인회계사	감사	–	–	2008.03.21 (2011.03.21)

출처 : 코스맥스 2010년 1분기보고서

이렇듯 대주주의 자금 조달 필요성이 있다면 배당도 많이 할 것으로 추측할 수 있다.

〈그림 4-8〉

6. 배당에 관한 사항 등

최근 3사업연도 배당에 관한 사항

구 분		제17기	제16기	제15기
주당액면가액 (원)		500	500	500
당기순이익 (백만원)		6,633	2,035	1,010
주당순이익 (원)		595	193	96
현금배당금총액 (백만원)		1,971	734	532
주식배당금총액 (백만원)		-	-	-
현금배당성향 (%)		29.7	36.1	52.7
현금배당수익률 (%)	보통주	3.4	4.6	1.8
	우선주	-	-	-
주식배당수익률 (%)	보통주	-	-	-
	우선주	-	-	-
주당 현금배당금 (원)	보통주	160	70	50
	우선주	-	-	-
주당 주식배당 (주)	보통주	-	-	-
	우선주	-	-	-

출처 : 코스맥스 2010년 1분기보고서

〈표 4-2〉 코스맥스 오너 일가 배당 수익

구분	15기	16기	17기	18기 (예상)
주당 현금배당금 (원)	50	70	160	200
특수관계인 소유주식수 (주)	2,267,062	2,761,972	2,929,355	3,197,595
특수관계인 배당 수익 (원)	113,353,100	193,338,040	468,696,800	639,519,000

출처 : 전자공시시스템, 더퍼블릭인베스트먼트

하나의 사례를 더 보자. 2013년 영풍제지는 시가배당률이 무려 12%에 달하는 전에 없던 파격적인 배당을 결정한다.

〈그림 4-9〉

현금·현물배당 결정

1. 배당구분		결산배당
2. 배당종류		현금배당
- 현물자산의 상세내역		-
3. 1주당 배당금(원)	보통주식	2,000
	종류주식	-
4. 시가배당율(%)	보통주식	11.97
	종류주식	-
5. 배당금총액(원)		3,692,820,000
6. 배당기준일		2012-12-31
7. 배당금지급 예정일자		-
8. 주주총회 개최여부		미개최
9. 주주총회 예정일자		2013-03-15
10. 이사회결의일(결정일)		2013-02-26
- 사외이사 참석여부	참석(명)	1
	불참(명)	0
- 감사(사외이사가 아닌 감사위원) 참석여부		참석
11. 기타 투자판단에 참고할 사항		-상기 시가배당율은 주주명부폐쇄일 2매매거래일전부터 과거 1주일간 유가증권시장에서 형성된 최종시세가격의 산술평균가격에 대한 주당배당금의 비율을 백분율로 산정한 것임. - 상기 금액은 주총승인과정에서 변경 될 수도 있음 - 상기 7항의 배당금 지급 예정일자는 주주총회 결의 후 1개월 이내 지급 예정임.

출처 : 영풍제지 현금·현물 배당 결정 (2013.02.26)

<그림 4-10>

6. 배당에 관한 사항 등

최근 3사업연도 배당에 관한 사항

구 분	주식의 종류	제43기	제42기	제41기
주당액면가액 (원)		5,000	5,000	5,000
당기순이익 (백만원)		8,220	4,829	1,145
주당순이익 (원)		4,452	2,616	620
현금배당금총액 (백만원)		3,692	461	184
주식배당금총액 (백만원)		0	0	0
현금배당성향 (%)		44.92	9.55	16.1
현금배당수익률 (%)	보통주	11.97	1.6	0.6
	우선주	-	-	-
주식배당수익률 (%)	보통주	-	-	-
	우선주	-	-	-
주당 현금배당금 (원)	보통주	2,000	250	100
	우선주	-	-	-
주당 주식배당 (주)	보통주	-	-	-
	우선주	-	-	-

출처 : 영풍제지 2012년 사업보고서

그 배경에는 영풍제지 이무진 회장의 부인 노미정 부회장이 있다. 언론 보도로 이미 잘 알려졌듯이 이 회장은 두 아들 대신 35세 연하의 부인에게 보유 지분 전량을 증여해 화제가 된 적이 있다. 이를 가십거리로만 웃어넘겼다면 훌륭한 투자 기회를 놓친 셈이다.

<그림 4-11>

최대주주 변경

1. 변경내용	변경전	최대주주등	이 무진 외 1인
		소유주식수(주)	1,235,182
		소유비율(%)	55.64
	변경후	최대주주등	노 미정
		소유주식수(주)	1,235,182
		소유비율(%)	55.64
2. 변경사유			증여
3. 지분인수목적			-
-인수자금 조달방법			-
-인수후 임원 선·해임 계획			-
4. 변경일자			2012-12-26
5. 변경확인일자			2012-12-26
6. 기타 투자판단에 참고할 사항			-

세부변경내역

| 성명(법인)명 | 관계 | 변경전 | | 변경후 | | 비고 |
		주식수(주)	지분율(%)	주식수(주)	지분율(%)	
이무진	변경전 최대주주	1,138,452	51.28	0	0	-
노미정	변경후 최대주주	96,730	4.36	1,235,182	55.64	-

출처 : 영풍제지 최대주주 변경 (2013.01.03)

* 영풍제지의 사례는 일부 언론과 호사가 사이에서 투자와는 관계없는 주제로 화제가 되었지만, 이 책에서는 최대주주의 경영 판단에 대한 행간 읽기 차원에서 접근하였으며 특정인과 그 행위에 대한 호불호를 피력한 것은 아니라는 사실을 밝힌다.

〈그림 4-12〉

"영풍제지, 35세연하 부인에 증여" 두 아들은…

35세 연하부인에 경영권 넘기더니…영풍제지 '파격' 배당 속사정

'영풍제지 부회장' 된 35세 연하 부인, 연봉 무려…
등기임원 급여 2분기에 370% 급증… 증여세 납부용?

증여에는 당연히 세금이 뒤따른다. 노 부회장도 증여세를 피해 갈 수는 없다. 노 부회장은 2008년 이무진 회장과 재혼한 것 외에는 재계에 신상이 알려진 바 없는 이른바 '신데렐라'이다. 그런 그녀가 90억 원에 달하는 증여세를 부담할 수 있는 방법은 많지 않았을 것이고 결과적으로 2013년 '폭탄' 배당을 통해 그 중 20억 원을 확보할 수 있었다. 이후 노미정 부회장은 영풍제지 보유 지분으로 7억 원의 주식담보대출을 받았다. 또한 영풍제지 등기임원 평균 급여는 2012년 5억 2,000만 원에서 2013년 3분기 11억 3,563만 원으로 상향 조정되었다. 그래도 아직 90억 원을 모으는 데는 많이 부족하다.

<그림 4-13>

2. 임원의 보수 등

1. 주총승인금액

(단위 : 백만원)

구 분	인원수	주총승인금액	비고
이사	4	2,500	-
감사	1	200	-

2012년 주주총회에서 승인 된 금액 기준임

2. 지급금액

(단위 : 백만원)

구 분	인원수	지급총액	1인당 평균 지급액	주식매수선택권의 공정가치 총액	비고
등기이사	3	1,560	520	-	-
사외이사	1	47	47	-	-
감사위원회 위원 또는 감사	1	199	199	-	-
계	5	1,806	361	-	-

2012년 기준으로 작성하였음

2. 임원의 보수 등

가. 주총승인금액

(단위 : 천원)

구 분	인원수	주총승인금액	비고
이사	3	4,000,000	-
감사	1	300,000	-

나. 지급금액

(단위 : 천원)

구 분	인원수	지급총액	1인당 평균 지급액	주식매수선택권의 공정가치 총액	비고
등기이사	2	2,271,272	1,135,636	-	-
사외이사	1	47,536	47,536	-	-
감사위원회 위원 또는 감사	1	187,565	187,565	-	-
계	4	2,506,373	626,593	-	-

3분기까지 지급된 금액을 기준으로 작성하였음

출처 : 영풍제지 2012년 사업보고서(위), 2013년 3분기보고서(아래)

이와 같은 사항은 사업보고서를 수박 겉핥기 식으로만 읽어서는 알아낼 수 없다. 행간의 의미를 잘 음미하고 언론 보도나 관련 공시, 회사 관계자와의 대화 등 다방면에 걸쳐 확인하려는 노력이 동반되어야 한다.

참고로 영풍제지는 2014년 3월 4일 전년도 결산배당공시를 통해 시가배당률 10.54%의 현금배당을 결정했다. 2년째 주당 2,000원의 '폭탄' 배당을 실시한 것으로, 저간의 사정이 반영된 것으로 볼 수 있다.

★ 꼭 기억하자 ★

- 배당은 단순한 보너스가 아니다. 오너의 의중을 유추할 수 있는 중요한 단서이다.

5장 매출원가 산출로 이익 엿보기

🟠 사업보고서 이 곳을 보자

Ⅱ. 사업의 내용 – 2. 주요 제품 등에 관한 사항
3. 주요 원재료에 관한 사항

🟠 이 공시도 눈여겨 보자

감사보고서 – 재무제표에 대한 주석 – 비용의 성격별 분류

일부 투자자들은 기업의 미래 실적을 추정할 때, 너무도 가볍게 매출액과 이익률이 유지된다는 가정을 하는 오류를 범한다. 성숙된 시장에서 안정적인 지위를 가지고 사업을 하는 회사라면 매출액은 비교적 쉽게 그려볼 수 있다. 하지만 가격전가력을 가지고 있더라도 경기순환형 산업에서는 이익률이 들쭉날쭉하게 마련이다.

이익률 중에서도 매출총이익률이 가장 중요하다. 판매비와관리비, 영업외수지는 상대적으로 고정비적인 성격을 띠므로 기업의 수익성에 결정적인 영향을 미치는 것은 매출원가라 하겠다. 문제

는 회사에서 가장 감추려고 하는 것 또한 매출원가 계정이라는 사실이다. 경쟁사나 고객사에 알려진다면 제품가격 책정에 곤란을 겪기 때문이다. 또한 하나의 제품에도 쓰이는 원재료가 다양하거나 여러 과정을 거치게 되므로 무 자르듯 원재료 가격이 드러나지 않는다.

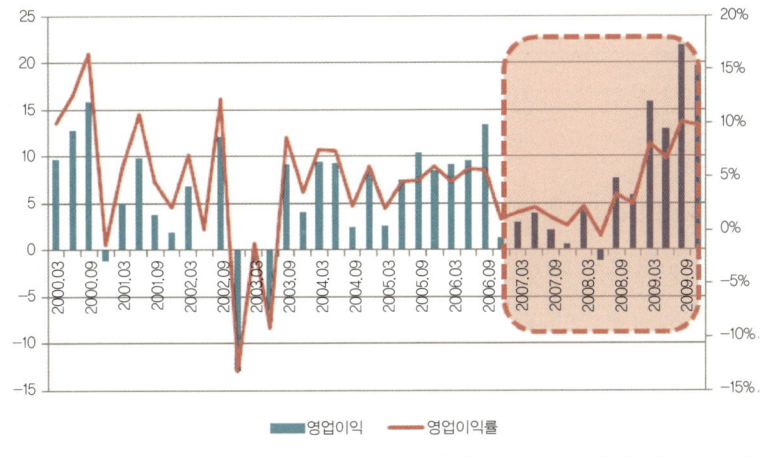

〈그림 5-1〉 백광소재 영업이익 추이 (단위 : 억 원)

출처 : Quantiwise, 더퍼블릭인베스트먼트

백광소재는 매장량이 많아 가격의 변동이 별로 없는 석회석을 원료로 하여 탈황제 등으로 쓰이는 생석회를 생산한다. 별 볼 일 없을 것 같던 이 생석회가 현대제철의 고로(高爐) 가동으로 공급 부족 국면에 놓이게 되면서 가격은 천정부지로 치솟아 매출총이익률과 영업이익률이 급격히 개선되었다.

고로 | 일관제철소에서 철광석을 녹여 쇳물을 만드는 도가니. 철광석과 코크스를 투입하는 꼭대기의 높이가 10~25m에 이르는 형태라 '높은 도가니'라는 뜻으로 쓴다. 고로가 없는 제철소는 고철을 녹여 재사용하는 전기로를 이용한다.

〈그림 5-2〉

나. 주요 제품 등의 가격변동추이

(단위 : 원/ton)

품 목	제30기 연간	제 29기 연간	제 28기 연간
생석회(화학용)	92,151	78,276	63,543
생석회(제강용)	116,913	106,263	85,219
생석회분	108,405	106,057	93,076
소석회	123,072	123,519	108,826
과립비료	107,503	89,701	83,881
경질탄산칼슘	301,885	283,844	252,791
석회고토	141,486	107,265	109,911

출처 : 백광소재 2009년 사업보고서

경제적 해자 | 해자란 중세 유럽, 외적의 침입으로부터 성을 보호하기 위해 성곽 둘레로 파놓은 연못을 뜻한다. 워렌 버핏은 기업이 장기간 수익력을 지킬 수 있는 요소를 경제적 해자라고 표현했다. 세계적 펀드 평가회사인 모닝스타의 투자 전략가 팻 도시는 경제적 해자의 4가지 요소로 무형자산, 원가 우위, 고객 전환비용, 네트워크 효과를 지목했다.

워렌 버핏은 경제적 해자Economic Moat 유무를 판단할 때 가격전가력을 확인하라고 하였다. 여기에서 가격전가력이란 업황과 무관하게 제품가격을 꾸준히 인상할 수 있는 브랜드 가치나 독점력 등을 대변하는 것으로 최소한 원재료 가격 인상분 이상으로 제품가격을 인상할 수 있어야 한다.

백광소재 또한 생석회 가격과 함께 석회석이나 정제유 등 원재료 가격도 상승했다면 마진은 크게 개선되지 않았을 것이다. 이를 숫자로 확인해 보자.

<그림 5-3>

가. 주요 원재료 등의 현황

당사의 제품은 대부분 로(KILN)를 통하여 소성하는 방식으로 에너지 원료등이 많이 사용됩니다. 2008년부터 시작된 각국의 자원채취경쟁은 에너지 원료의 매입단가의 인상을 가져와 아직까지 그 여파가 남아있습니다. 이에 당사는 원·부자재의 가격 동향 및 년간 생산 물량등을 고려하여 년초 공급단가를 협의하여 조정하고 있습니다.

(2009.12.31 현재) (단위 : 천원, %)

사업부문	매입유형	품 목	구체적용도	매입액	비율	비 고
석회석 제조판매업 부문	원재료	석회석	제품원료	5,568,790	13.95	자체채광
		석회석	제품원료	2,399,579	6.01	금산산업外
		백운석	제품원료	262,217	0.66	한성外
		기 타	제품원료	3,295,362	8.25	
	소 계			11,525,948	28.87	
	부재료	정제유	에너지원료	4,464,392	11.18	클린코리아外
		무연탄	에너지원료	61,381	0.15	효산자원外
		코크스	에너지원료	1,091,718	2.74	대산자원外
		LPG	에너지원료	149,923	0.38	경인화학外
		연료유	에너지원료	1,394,944	3.49	클린코리아外
		기 타	에너지원료	4,762,451	11.93	
	소 계			11,924,809	29.87	
	상품	경소백운석	판 매	335,000	0.84	삼보광업外
		석회석	판 매	59,812	0.15	송학外
		마그네시아	판 매	697,754	1.75	대련동보外
		중질탄산칼슘	판 매	219,975	0.55	태경산업外
		방해석	판 매	246,342	0.62	송원개발外
		기 타	판 매	157,975	0.40	
	소 계			1,716,858	4.31	
휴게소 운영업 부문	상품	휴게소부문	판 매	6,333,516	15.86	KT&G(서산)外
		주유소부문	판 매	8,420,442	21.09	GS칼텍스外
	소 계			14,753,958	36.95	
총 계				39,921,573	100.00	

나. 주요 원재료 등의 가격변동추이

(단위 : 원/ton)

품 목	제 30기 연간	제 29기 연간	제 28기 연간
석회석	11,801	11,107	10,575
백운석	16,193	15,075	14,830
정제유	480,201	538,799	363,940
P-코크스	149,707	122,525	75,798

출처 : 백광소재 2009년 사업보고서

〈그림 5-4〉

나. 생산실적 및 가동률
(1) 생산실적

(단위 : 톤)

사업 부문	품 목	사업소	제30기 연간	제29기 연간	제28기 연간
석회석 제조 판매업 부문	생석회	단양1공장	299,049	318,969	322,984
	소석회		46,242	41,466	36,343
	생석회분말		98,966	101,306	101,550
	과립생석회		7,976	9,215	10,035
	비료		-	415	3,617
	석회고토		16,018	22,601	21,914
	소계		468,251	493,972	496,443
	생석회	단양2공장	52,084	93,885	87,349
	경질탄산칼슘		23,221	16,463	20,522
	생석회분말		18,514	-	-
	소계		93,819	110,348	107,871
	생석회분말	경주공장	-	-	3
	소석회		-	1,910	8,029
	소계		-	1,910	8,032
	액상수산화 마그네슘	여수공장	25,500	33,118	16,433
	소계		25,500	33,118	16,433
	합 계		587,570	639,348	628,779

※ 비료라인이 소석회라인으로 변경됨.
※ 경주공장의 경우 29기중(2008년 5월1일)부터 휴업함.

출처 : 백광소재 2009년 사업보고서

〈표 5–1〉 백광소재 제품 매출 원재료 단위 투입량

구분	석회석	정제유
원재료 매입액	7,968,369,000	4,464,392,000
원재료 단가	11,801	480,201
원재료 매입량	675,228	9,297
제품 생산량	587,570	587,570
원재료 단위 투입량	1.15	0.02

출처 : 전자공시시스템, 더퍼블릭인베스트먼트

'Ⅱ. 사업의 내용'에는 '주요 제품 등의 가격 변동 추이'와 함께 '주요 원재료 등의 가격 변동 추이'도 같이 기재되어 있다. 하지만 제품가격만 꾸준히 오르고 원재료 가격은 유지되거나 떨어지는 것은 아주 운이 좋을 때에만 가능한 일이다. 보통은 제품가격과 원재료 가격은 경제 상황에 따라 같은 방향으로 움직인다.

따라서 '단위 가격'이라는 개념이 매우 중요하다. 한 단위의 제품을 생산할 때 소요되는 원재료의 양을 파악하고, 가격 또한 같은 단위로 환산하여 비교해야 해당 기업의 수익성 분석을 정확히 했다고 할 수 있다.

백광소재의 석회석을 예로 들어보자. 원재료 매입액은 '가. 주요 원재료 등의 현황'의 자체 채광한 석회석 56억 원과 금산산업 등으로부터 매입한 석회석 24억 원을 합한 약 80억 원이다. 이를 '나. 주요 원재료 등의 가격 변동 추이'의 30기 석회석 가격 1만 1,801원으로 나누면 석회석 매입량 67만 5,228톤이 산출된다. 이를 다시 '생석회 제품 생산 실적'으로 나누면 단위 생산량당 원재료 단위 투입량을 파악할 수 있다. 결과적으로 생석회 1톤을 생산하기 위해 석회석은 1.15톤이 필요하다는 이야기이다. 논리적으로도 생석회는

단위 가격 | 상품의 가격을 일정 단위로 환산한 가격으로 통일해 표시한 것.

석회석을 소성시켜 만든 가루로 일부 찌꺼기를 제외하면 원재료와 제품 중량에 큰 차이가 없다고 볼 수 있다.

> **간단 재무상식**
>
> 원재료 단위 투입량 = 원재료 투입(매입)량 ÷ 제품 생산량
> 원재료 단위 투입단가 = 원재료 단가 × 원재료 단위 투입량

간접원가 | 매출원가 중 인건비, 감가상각비 등 고정비용. 고정비용은 (생산 능력을 확장하지 않는다는 가정 하에) 생산량의 증감과 무관한 비용이다.

마지막으로 매출액을 100%로 한 매출원가 및 매출총이익의 비중을 구해 보자. 포괄손익계산서상 백광소재의 매출총이익률은 24%이다. 나머지 76%를 주요 원부재료, 기타 원부재료, 간접원가로 나눈다. 석회석과 정제유 매입액 124억 원을 주요 원부재료, 원재료와 부재료 매입총액 234억 원에서 주요 원부재료 매입액을 제한 110억 원을 기타 원부재료로 가정하자. 그러고 나면 매출원가 중 나머지 부분인 191억 원이 간접원가가 된다.

〈그림 5-5〉 백광소재 제품 매출 추정 원가 명세서

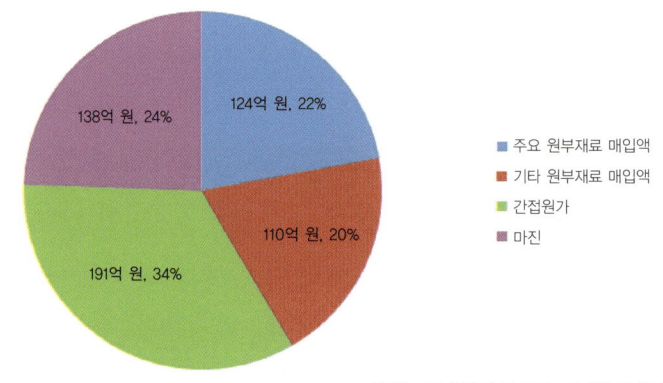

출처 : 전자공시시스템, 더퍼블릭인베스트먼트

> 주요 원부재료는 석회석, 정제유

드디어 제품가격과 원재료 가격의 변동에 따른 백광소재 생석회 사업부 수익성을 구할 수 있게 되었다. 먼저 1톤당 생석회 단가에서 1톤당 석회석 및 정제유 투입 단가를 뺀다. 투입 단가는 앞서 구한 원재료의 단가와 단위 투입량의 곱이다. 기타 원부재료는 매출액에 비례한다고 가정하고 간접원가는 고정비로서 변동하지 않는다고 가정한다. 제강용 생석회 단가에 매출액 대비 비중인 19.6%를 곱한 가격이 기타 원부재료 매입액이 되고, 간접원가는 기간과 관계없이 변하지 않을 것이다. 앞서 언급했듯이 백광소재는 제강용 생석회 단가가 급격히 올랐음에도 불구하고 석회석 등의 원재료 가격은 상대적으로 덜 올라 매출총이익률이 빠르게 개선되었다.

〈표 5-2〉 백광소재 제강용 생석회 마진 스프레드 산출의 예

구분	28기	29기	30기
제강용 생석회 단가	85,219	106,263	116,913
석회석 투입 단가	12,154	12,766	13,563
정제유 투입 단가	5,759	8,526	7,599
기타 원부재료	16,665	20,780	22,863
간접원가	39,692	39,692	39,692
마진 스프레드	10,948	24,499	33,196
매출총이익률	12.8%	23.1%	28.4%

출처 : 더퍼블릭인베스트먼트

이러한 작업을 거친 후에는 반드시 실제 재무제표상의 이익률과 비교하여 오류나 괴리가 없는지 확인해야 한다. 우리가 사업보고서에서 확인할 수 있는 내용은 회사가 가진 정보의 수준과는 차이가 있기 때문이다. 만일 큰 차이가 있다면 어딘가 잘못 계산되거나

보정계수 | 진가(眞價)와 측정값과의 비. 측정값(추정 매출총이익률)에 보정계수를 곱하면 진가(실제 매출총이익률)가 된다.

빠뜨린 부분이 있을 수 있다. 하지만 조금의 차이가 계속해서 발생한다면 자신만의 '보정계수'를 만들어 보는 것도 좋다. 백광소재의 사례에서도 제강용 생석회를 기준으로 했지만, 그 외에도 화학용 생석회, 경질탄산칼슘, 액상수산화마그네슘 등 다양한 제품이 있기 때문에 매출총이익률이 앞에서 추정한 수치와 포괄손익계산서 상의 수치가 약간 다르다. 이때 다른 제품에 대해서도 자세히 분석할 수도 있겠지만, 제강용 생석회를 기준으로 추정하고 그 추정치에 아래 표 보정계수의 평균인 0.89를 곱해 주면 향후 매출총이익률의 근사치를 구할 수 있을 것이다.

〈표 5-3〉

(단위 : 억 원)		28기	29기	30기	평균
제품매출액		479	587	563	
제품매출원가		406	501	426	
제품매출총이익		73	86	137	
제품매출총이익률	포괄손익계산서	15.2%	14.7%	24.3%	18.1%
	추정	12.8%	23.1%	28.4%	21.4%
보정계수		1.19	0.64	0.86	0.89

출처 : 백광소재 사업보고서, 더퍼블릭인베스트먼트

투입 | 구매한 원재료가 제품 생산을 위해 사용되는 것. 구매한 원재료는 매출이 발생할 때 비로소 매입한 가격으로 매출원가에 반영된다.

래깅 | '뒤처지다', '늦다'는 뜻으로 기업 분석에서는 보통 재고자산이 매출액이나 매출원가로 쓰일 때까지의 리드타임(lead time)을 의미한다.

나아가 재고자산회전일수로 매입 후 실제 투입까지의 '래깅 Lagging'까지 계산해 볼 수도 있다. 일례로 곡물 가격이 하락하는 것을 보고 음식료 업체에 관심을 가질 수 있다. 그런데 당장의 실적 개선을 기대했다면 낭패를 볼 수 있다. 왜냐하면 일반적으로 음식료 업체들은 원재료 재고를 3~6개월 가까이 넉넉히 보유하고 있기 때문에 곡물 가격 하락이 실제 매출원가 하락으로 이어지는 데도

시간이 오래 걸리기 때문이다. 반대로 3~6개월 후에는 매출총이익률이 개선될 것이라는 확신을 가질 수 있고 '땅 짚고 헤엄치기' 식의 투자를 할 수도 있는 것이다. 아래 대한제분과 동서의 경우도 스팟 가격Spot price과 투입 가격의 흐름은 비슷하지만, 투입 가격이 수개월 느린 시점에서 스팟 가격을 따라가고 있다.

스팟 가격 | 현물 가격으로서 선물(Futures) 가격과 반대의 뜻. 본문에서는 투입가격과 대비되는 개념으로서 투입 시기와 무관하게 해당 기업이 원재료를 구매한 시점의 가격을 의미한다.

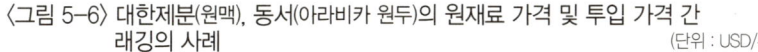

〈그림 5-6〉 대한제분(원맥), 동서(아라비카 원두)의 원재료 가격 및 투입 가격 간 래깅의 사례
(단위 : USD/톤)

원맥 | 밀가루의 원료가 되는, 아직 빻지 아니한 밀.

아라비카 | 에티오피아가 원산지인 대표적 커피 품종.

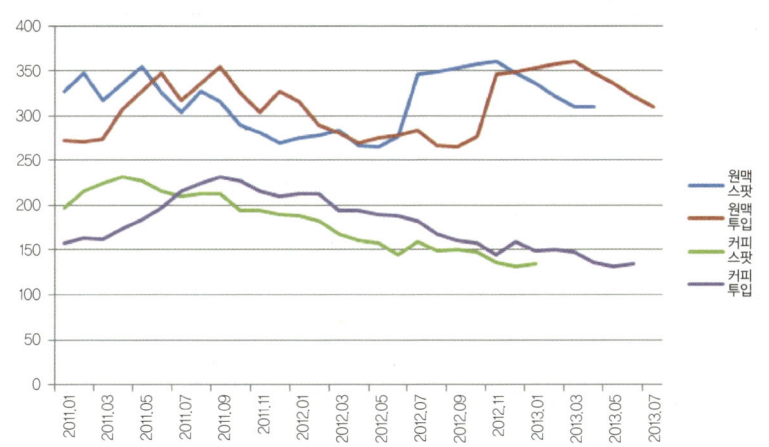

출처 : 더퍼블릭인베스트먼트

이렇게 긴 지면을 할애할 만큼 매출원가는 매출액과 함께 기업의 영업활동을 이해하는 데 필수적인 요소이다. 그런데도 사업보고서상 확실히 공개하지 않아 투자자들의 애를 먹이는 이유는 무엇일까? 사실 2003년까지는 'IX. 부속명세서 - 1. 제조원가명세서'라는 항목이 있었다. 하지만 제조원가명세서 공개에 따라 기업간 경쟁적 단가 인하 등 건전한 산업 발전에 악영향이 더 크다고 하여 의무사항에서 빠진 것이다.

K-IFRS | 2007년 K-GAAP (Generally Accepted Accounting Principles)에서 변경 적용된 한국형 국제 회계 기준. 연결재무제표, 공정가치, 주석 등 기업의 실질에 근접하도록 자율성을 부여한 것이 큰 특징이다

그런데 K-IFRS Korean-International Financial Reporting Standards를 도입하면서 공시에 대한 기업의 자율성 보장과 함께 투자자 보호를 위한 주석의 폭넓은 활용을 강조하면서 IFRS식 제조원가명세서가 부활했다. 한국타이어의 사례를 들어 설명하겠다.

〈그림 5-7〉

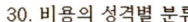

30. 비용의 성격별 분류

당분기 중 발생한 비용의 성격별로 분류한 내역은 다음과 같습니다.

(단위: 천원)

계정과목	제조(매출)원가	판매비, 관리비	연구개발비	합계
재고자산의 변동				
제품	(27,669,334)	-	-	(27,669,334)
재공품	(1,471,390)	-	-	(1,471,390)
저장품	(1,602,128)	-	-	(1,602,128)
사용된 원재료 등	829,315,972	-	-	829,315,972
종업원급여	127,624,024	48,190,422	14,313,500	190,127,946
감가상각비	86,138,535	9,518,953	3,504,917	99,162,405
무형자산상각비	247,816	915,579	235,593	1,398,988
지급수수료	3,763,641	12,058,728	853,964	16,676,333
기타	117,037,477	179,918,382	14,108,553	311,064,412
합계	1,133,384,613	250,602,064	33,016,527	1,417,003,204

출처 : 한국타이어 2013년 1분기 연결검토보고서

위와 같이 주석 사항에는 비용의 성격별 분류를 공시한다. 이 중 제조(매출)원가 부분이 과거의 제조원가명세서 역할을 한다. 이 중 원재료와 지급수수료는 변동비로 보면 되고, 종업원 급여와 감가상각비, 무형자산상각비는 고정비(간접비)로 보면 된다.

간단 재무상식

매출원가 = 투입(사용) 원재료
= 기초재고 + 재고자산 매입 − 기말재고

〈그림 5-8〉

3. 주요 원재료

[타이어부문]

가. **주요 원재료 등의 현황**은 다음과 같습니다.

(단위 : 백만원,%)

사업부문	매입유형	품 목	구체적용도	매입액(비율)		비 고
타이어 튜 브 밧 데 리	상 품	Battery 등	자동차용	52,116	6.34%	아트라스비엑스 등
		기타	기타	9,788	1.19%	동아타이어 등
	원 재 료	CORD	Tire 내부형성용	104,772	12.75%	효성, 고려강선 등
		천연고무	TIRE S/W및	242,204	29.47%	South Land 등
		합성고무	TREAD 형성	205,378	24.99%	LG화학, 금호석유화학 등
		카본블랙		89,838	10.93%	오리온엔지니어드카본즈 등
		BEADWIRE	타이어용	15,578	1.90%	홍덕산업,효성 등
	부 재 료	노방제	노화방지	11,376	1.38%	금호석유화학 등
		활성제	가류활성	15,667	1.91%	한일화학 등
		가류제	고무가교	7,773	0.94%	FLEXSYS 등
		촉진제	가류촉진	6,506	0.78%	LINKWELL 등
		기 타	타이어외	60,966	7.42%	-
합 계				821,962	100.00%	

출처 : 한국타이어 2013년 1분기보고서

이제 타이어의 원재료로 쓰이는 천연고무 가격과 한국타이어의 수익성을 분석할 수 있다. 한국타이어는 2013년 1분기 8,293억 원의 원재료를 매입해 308억 원의 재고자산을 남기고 1조 6,793억 원의 매출을 일으켰다(〈표 5-4〉 참고). 매출액 중 원재료가 차지하는 비중은 48%가 된다. 그러나 '주요 원재료 등의 현황'에 기재된 2013년 1분기 원재료 매입액은 8,219억 원으로 조금 차이가 난다. 이 부분이 래깅이다. 향후 고무 가격이 오를 것으로 예상되면 매입액이 사용된 금액보다 클 것이고, 반대로 떨어질 것으로 예상되면 매입액이 더 작을 것이다.

천연고무 | 고무나무의 수액을 경화시킨 것. 타이어 제조에는 천연고무와 함께 부타디엔(Butadien)을 원재료로 한 합성고무(Synthetic Rubber)가 섞여 사용된다.

재고자산 | 비용의 증가가 매출원가에 양수로 표현되어 있으므로 음수로 표현된 재고자산의 변동은 매출원가의 감소, 즉 재고자산의 증가를 의미한다.

각종 기사를 통해 고무 가격과 환율에 따라 타이어 업체의 영업환경이 변한다는 보도를 접하게 된다. 하지만 좋은지, 나쁜지 정도만 기자의 의도에 따라 짐작할 뿐 실제로 기업가치에 어느 정도의 영향을 미치는지 알고자 하는 사람은 별로 없다. 앞서 공부한 내용을 바탕으로 한국타이어의 외부 변수를 점검해 보자.

회사에 따르면 매출액 중 미국 달러화 결제 비중은 27%이고 천연고무(주요 원재료 등의 현황에 따르면 원재료 매입액의 29.47%)는 모두 미국 달러화로 매입한다고 한다.

다른 조건이 동일하다고 하면 매출원가율은 천연고무 가격 10% 변동 시 1.4%p, 환율 10% 변동 시 0.4%p 변동한다. 한국타이어는 결제통화를 미국 달러, 유럽 유로, 중국 위안, 한국 원화로 다변화시키고 있어 환율 변동에는 둔감하다. 반면 천연고무 가격에는 상대적으로 노출이 클 뿐더러 천연고무 자체의 가격 변동성도 상당하므로 눈여겨 보아야 한다.

⟨표 5-4⟩ 천연고무, 환율 변동에 따른 한국타이어 원가율 분석   (단위 : 억 원)

	2013년 1분기	천연고무 10% 인상	천연고무 10% 인하	환율 10% 상승	환율 10% 하락
매출액	16,793	16,793	16,793	17,246	16,340
매출원가	11,334	11,569	11,099	11,569	11,099
원재료	7,985	8,220	7,750	8,220	7,750
천연고무	2,353	2,588	2,118	2,588	2,118
매출원가율	67.5%	68.9%	66.1%	67.1%	67.9%

출처 : 더퍼블릭인베스트먼트

아쉽게도 비용의 성격별 분류 항목이 한국타이어처럼 모두 친절한 것은 아니다. 다음에 사례로 든 LIG에이디피의 경우에는 매출원가, 판매비와관리비를 따로 구분하지 않고 총비용 내역을 공시하고 있다.

〈그림 5-9〉

20. 판매비와 관리비
당기와 전기의 판매비와 관리비의 내역은 다음과 같습니다(단위:천원).

구 분	2012	2011
급여	2,351,900	2,901,988
퇴직급여	389,524	427,220
복리후생비	571,546	794,849
지급임차료	193,260	128,275
지급수수료	515,419	665,039
감가상각비 및 무형자산상각비	1,269,975	1,304,271
경상연구개발비	9,902,150	10,787,267
하자보수비	496,406	276,190
판매수수료	178,053	784,969
기타	1,791,457	1,680,331
합 계	17,659,690	19,750,399

21. 비용의 성격별 분류
당기와 전기의 비용을 성격별로 분류하면 다음과 같습니다(단위:천원).

구 분	2012	2011
재고자산의 변동	849,508	(2,053,853)
원재료와 상품의 매입액	13,248,282	80,787,594
종업원급여	13,815,848	17,202,383
감가상각비 및 무형자산상각비	4,072,057	3,423,531
기타비용	9,214,613	16,260,435
매출원가 및 판매관리비의 합계	41,200,308	115,620,090

출처 : LIG에이디피 2012년 감사보고서

이때는 좀더 수고를 들여 판매비와관리비의 내역과 비교해 봐야 한다. 어차피 원재료비는 연구개발에 쓰이는 일부를 제외하면 매출원가에만 속할 것이고, 종업원 급여(급여＋퇴직급여＋복리후생비)와 감가상각비 정도만 총비용에서 판매비와관리비 부분을 제하면 된다. 결과적으로 LIG에이디피의 매출원가 중 고정비는 종업원 급여 104억 원과 감가상각비 및 무형자산상각비 28억 원을 더한 132억 원이다.

〈표 5-5〉 LIG에이디피 총비용 중 매출원가 추출 (단위 : 억 원)

	총비용	매출원가	판관비
원재료 및 상품 매입	132	132	0
종업원 급여	138	104	34
감가상각비 및 무형자산상각비	41	28	13

출처 : LIG에이디피 2012년 감사보고서, 더퍼블릭인베스트먼트

〈표 5-6〉 주요한 고정비, 변동비 항목

	고정비	변동비
매출원가	종업원 급여(급여, 퇴직급여, 복리후생비) 감가상각비 및 무형자산상각비 지급임차료	원재료 및 상품 매입
판관비	종업원 급여(급여, 퇴직급여, 복리후생비) 감가상각비 및 무형자산상각비 지급임차료	광고선전비 지급수수료(로열티, 판매수수료) 판매촉진비

출처 : 더퍼블릭인베스트먼트

★ 꼭 기억하자 ★

- 제조원가를 분석할 때는 반드시 투입량과 투입 단가를 파악하라.

6장 설비 투자, 성장의 디딤돌

○— 사업보고서 이 곳을 보자
Ⅱ. 사업의 내용 – 4. 생산 및 설비에 관한 사항

○— 이 공시도 눈여겨 보자
신규 시설 투자 등, 감사보고서

'생산 및 설비에 관한 사항'에는 생산 능력, 생산 실적, 가동률, 생산설비의 현황, 설비의 신설·매입 계획이 기재되어 있다. 그 중 한 기업의 성장 가능성과 속한 산업의 업황을 가늠하는 데는 가동률을 뜯어보는 것이 제격이다. 가동률은 생산 실적을 생산 능력으로 나누어 계산한다. 업황이 좋으면 가동률이 높을 것이고 나쁘면 낮을 것이다. 또 향후 업황이 개선될 것으로 예측하더라도 이미 가동률이 높다면 새로 설비를 늘리기 전에는 생산량이 크게 늘어나기 어려울 것이다. 여기에서 생산 능력capacity은 금액, 수량, 가동시간 등 다양한 기준으로 이야기한다. 하지만 회사는 한 가지 아이템만을 취급하는 것이 아니기 때문에 금액이나 수량으로 일률적인 가동률을 언급한다는 것은 어폐가 있다. 현대자동차가 한 공장에서 에쿠스를 10대 생산하는 것과 아반떼를 100대 생산할 때 어느 쪽이 효율이 높은지 딱 잘라 이야기하기 어렵지 않은가? 대안은 누구에게나 평등하게 하루에 24시간씩 부여된 시간을 기준으로 재조정하는 것이다. 그리고 산정 기준이 변경됐을 때에는 꼭 회사에 물어 생산 현장의 분위기를 파악하자. S&T모티브의 사례를 살펴보자.

〈그림 6-1〉

(2) 당해 사업연도의 가동률

(단위 : 시간)

사업소(사업부문)	연간 가동가능시간	연간 실제가동시간	평균가동률
부산공장	4,760	3,438	72%
양산공장	4,760	2,983	63%
군산공장	4,760	3,835	81%
인천공장	4,760	2,453	52%
창원공장	4,760	2,927	61%
보령공장	4,760	3,741	79%
달산공장	4,760	2,078	44%
합 계	33,320	21,455	64%

나. 생산실적 및 가동률
　　당사의 2009년 1분기 생산실적은 714억원으로 2008년 1분기 대비 718억원 (50.1%) 감소하였습니다. 이는 글로벌 경기침체로 인하여 경기가 위축되어 소비자들의 자동차소비가 줄어듦에 따른 완성차 업체의 생산량 감소에 기인한 것으로 분석됩니다.
　　2009년 1분기 평균 가동률은 35.2%(생산실적 714억원, 생산능력 2,029억원) 입니다

출처 : S&T모티브 2008년 사업보고서 (위), 2009년 1분기보고서 (아래)

〈그림 6-2〉

```
(2) 생산능력의 산출근거
(가) 산출방법 등
  ① 산출기준
   - 최대생산능력

  ② 산출방법
   - 제7기 1-9월
    . 부산공장 : 작업일수 178일, 일 20HR (2교대) 기준
              단, 방산부품은 11HR (1교대) 기준
    . 양산, 군산, 인천, 창원, 보령, 달산공장
      : 작업일수 178일, 일15HR (1.5교대) 기준
```

```
(2) 생산능력의 산출근거
(가) 산출방법 등
  ① 산출기준
   - 최대생산능력

  ② 산출방법
   - 제7기
    . 전 공장 : 작업일수 238일, 일 20HR (2교대) 기준
              단, 방산부품은 11HR (1교대) 기준
```

출처 : S&T모티브 2008년 3분기보고서 (왼쪽), 2008년 사업보고서 (오른쪽)

글로벌 금융위기와 GM_{General Motors} 파산에 따라 1차 협력업체인 S&T모티브의 가동률은 급격하게 하락한다.

그런데 어째서인지 2008년 4분기에 부산공장을 포함한 다른 공장들의 일별 가동 가능 시간을 당초 15시간에서 20시간으로 늘리고, 2009년 1분기에는 급기야 가동률 공시를 금액 기준으로 변경한다. 가동률이라는 숫자만 봐서는 회사의 업황을 일관된 시각에서 보기 힘들다.

이를 일정한 가동가능 시간을 기준(사례는 일 20시간 × 월 20일 × 3개월 × 7개 공장 = 8,400시간)으로 재조정하면 훨씬 적나라하게 드러난다.

〈표 6-1〉 S&T모티브 분기별 가동률

구분		2008년 2분기	2008년 3분기	2008년 4분기	2009년 1분기
생산능력 (억 원)	CAPA	1,795	901	4,197	2,029
	가동	1,476	1,215	1,017	714
	가동률	82.2%	134.9%	24.2%	35.2%
가동시간 (시간)	CAPA	8,400	8,400	8,400	8,400
	가동	5,934	6,154	3,331	1,140
	가동률	71.2%	73.9%	40.0%	13.6%

출처 : 전자공시시스템, 더퍼블릭인베스트먼트

공시가 가동시간을 기준으로 되어 있더라도 재조정이 필요할 수 있다. 2008년 4분기의 S&T모티브처럼 가동 가능 시간을 책정하는 것에 기업의 주관이 개입될 수 있기 때문이다.

대부분 가동률을 높게 보이고 싶어 하는 회사에서 가동 가능 시간을 낮춰 잡는다. "밑지고 판다"는 말처럼 흔한 거짓말이 "물건이 없어 못 판다"는 것이다. 그러한 경우는 극히 드물고 호황일 때는 밤을 새서라도 기꺼이 물건을 만들어 팔고자 하는 것이 회사의 속성이다.

앞서 성숙시장에 진입했다던 윤활유 업체 한국쉘석유의 가동률을 다시 한 번 보겠다.

〈그림 6-3〉

(2) 생산능력의 산출근거
(가) 산출방법 등
① 산출기준
- 1일 최대생산능력기준, 1일 15시간 생산기준(2교대), 토요일 8시간
② 산출방법
- 윤활유 : 1일 생산능력 235(kl) x 월생산가능일수 x 3월 = 17,625(kl)
- 그리스 : 1일 생산능력 11(ton) x 월생산가능일수 x 3월 = 825(ton)

(나) 평균가동시간
- 윤활유공장 : 720 / 65일 = 11.1(시간)
- 그리스공장 : 1,303 / 72일 = 18.1(시간)

나. 생산실적 및 가동률
(1) 생산실적

(단위 : KL,T/백만원)

사업부문	품목	사업소	제48기 1분기		제47기 연간		제46기 연간	
			수량	금액	수량	금액	수량	금액
제조	윤활유	용당제유소	22,486	25,452	82,706	90,821	68,804	76,706
	그리스	용당제유소	1,436	2,434	4,925	7,833	4,296	7,006
	합계		23,922	27,886	87,631	98,654	73,100	83,712

(2) 당해 분기의 가동률

(단위 : 시간)

사업소(사업부문)	분기가동가능시간	분기실제가동시간	평균가동률
윤활유	1,090	720	66.06(%)
그리스	1,080	1,303	120.65(%)
합계	2,170	2,023	93.23(%)

(2) 생산능력의 산출근거
(가) 산출방법 등
① 산출기준
- 1일 최대생산능력기준
② 산출방법
- 윤활유 : 1일 생산능력 355(KL) x 월생산가능일수 x 3월 = 23,430(kl)
- 그리스 : 1일 생산능력 18(ton) x 월생산가능일수 x 3월 = 1,290(ton)
• 생산능력의 수정 : 2008년도부터 이론상 생산능력에서 실제로 생산가능한 능력으로 수정하였음

(나) 평균가동시간
- 윤활유공장 : 564 / 64일 = 8.8(시간)
- 그리스공장 : 1,381 / 75일 = 18.4(시간)

나. 생산실적 및 가동률
(1) 생산실적

(단위 : KL,T/백만원)

사업부문	품목	사업소	제50기1분기		제49기 연간		제48기 연간	
			수량	금액	수량	금액	수량	금액
제조	윤활유	용당제유소	22,118	32,003	85,910	125,386	88,739	139,112
	그리스	용당제유소	1,565	3,466	5,554	12,981	5,803	13,649
	합계		23,683	35,469	91,464	138,367	94,542	152,761

(2) 당해 사업연도의 가동률

(단위 : 시간)

사업소(사업부문)	분기가동가능시간	분기실제가동시간	평균가동률
윤활유	850	564	66.35(%)
그리스	1,500	1,381	92.07(%)
합계	2,350	1,945	82.77(%)

출처 : 한국쉘석유 2008년 1분기보고서 (왼쪽), 2010년 1분기보고서 (오른쪽)

윤활유사업부의 가동률이 둘 다 낮은 수준인 것은 사실이다. 하지만 실제 가동시간이 720시간에서 564시간으로 21.7%나 감소했음에도 불구하고 가동률은 66%로 유지되었다. 가동 가능 시간을 줄이는 것만으로 가동률을 높인 것이다. 가동 가능 시간을 일 20시간, 월 20일로 재조정하면 2010년 1분기 한국쉘석유의 가동률은 47.0%(564시간 ÷ 1,200시간)로 주문량이 2배 늘더라도 설비에는 여유가 있을 것이다.

다음 사례인 서흥캅셀은 정반대이다.

〈그림 6-4〉

2) 생산능력의 산출근거
① 산출기준 : 연간 최대생산능력
② 산출방법 : 가동가능기계대수 × 기계당연간생산능력 = 연간총생산능력
③ 평균가동시간 : 일 (24시간) · 월 (692시간) · 년간 (8,304시간)

나. 생산실적 및 가동률
1) 생산실적

(단위 : 백만개)

사업부문	품목	제 38 기 1분기	제 37 기 연간	제 36 기 연간
하드사업부문	하드공캡슐	3,045	12,652	12,505

2) 당분기 가동률

(단위 : 시간, %)

사업부문	1분기가능가능시간	1분기실제가동시간	평균가동률
하드사업부문	2,076	1,895	91.28

* 하드캡슐 생산기계 28대 중 대당 생산수량이 적은 VG캡슐(식물성캡슐) 기계가동 대수와 대당 생산수량이 많은 젤라틴캡슐 기계가동대수의 운영에 따라 평균가동률 이 변동할 수 있습니다.

출처 : 서흥캅셀 2010년 1분기보고서

젤라틴 | 동물의 가죽이나 힘 줄·연골 등을 구성하는 천연 단백질인 콜라겐을 뜨거운 물 로 처리하면 얻어지는 유도 단 백질의 일종이다.

하드캡슐 | 몸통부(Body)와 상 단덮개부(Cap)로 구성되는 캡 슐로서 충전기를 통해 캡슐 안 에 내용물을 담는다.

서흥캅셀이 공시한 가동률은 약 91%이지만, 산출 근거의 평균 가 동 시간을 보면 일 24시간, 월 29일로 가히 살인적이다. 그마저도 설 비 정비 시간과 젤라틴 캡슐과 식물성(VG) 캡슐 교차 생산을 위한 로테이션 시간을 제외하면 이른바 풀가동 중이다. 보통 하드캡슐은 대형 제약회사가 자회사 등을 통해 생산하는 경우가 많다. 캡슐에 내용물을 충전하는 수요처가 결국 제약회사로 정해져 있어 수직계 열화를 이루는 것이다. 특정 제약회사와 지분 관계도 없고 많은 제 약회사와 거래를 하는 서흥캅셀은 특이한 경우라고 할 수 있다. 그

런데 최근 중국 등 아시아 신흥국으로의 진출을 노리는 다국적 제약회사들이 몸집을 가볍게 하고자 자체 생산공장만을 갖추고 하드캡슐 생산을 외부에 맡기려는 움직임을 보이고 있다. 여기에 대응해 대규모 수주를 하기 위해서는 증설 외에는 뾰족한 수가 없다. 서홍캅셀의 유형자산 보유 현황을 보고 대강의 설비 투자 규모를 예측해 보자.

〈그림 6-5〉

(단위 : 원)

과 목	제38기 1분기말	제37기말	제36기말
(2)유형자산	118,920,866,495	64,720,753,722	62,056,709,492
1.토지	88,829,362,000	35,452,846,237	20,128,450,287
2.건물	21,516,883,653	21,516,883,653	21,516,883,653
감가상각누계액	(10,789,555,069)	(10,505,612,086)	(9,369,840,136)
3.구축물	1,659,181,532	1,659,181,532	1,659,181,532
감가상각누계액	(1,105,386,170)	(1,077,733,142)	(967,121,040)
4.기계장치	58,973,016,568	58,939,800,010	55,559,268,041
감가상각누계액	(52,361,135,529)	(51,739,194,838)	(48,632,495,558)
5.차량운반구	1,070,771,152	1,046,238,011	1,013,928,861
감가상각누계액	(861,431,828)	(831,878,293)	(769,645,324)
6.건설중인자산	11,365,740,431	9,585,365,956	20,994,595,395
7.기타의유형자산	8,337,209,486	8,440,555,431	8,198,438,621
감가상각누계액	(7,713,789,731)	(7,765,698,749)	(7,274,934,840)

[자산항목 : 토지]

(단위 : 백만원)

소재지(용도)	면적(㎡)	기초장부가액	당기증감 증가	당기증감 감소	당기장부가액	공시지가	비 고
부천시 송내동(공장용지)	19,675.9	21,929	38,206	-	60,135	27,499	
인천시 갈산동(주택용지)	312.7	127	261	-	388	409	
부산시 송정동(공장용지)	13,386.1	2,662	7,779	-	10,441	6,961	2010년 매각예정
충북 오창읍(주택용지)	1,304.0	755	68	-	823	980	
충북 연제리(공장용지)	74,097.0	9,980	7,062	-	17,042	14,226	
합 계	108,775.7	35,453	53,376	-	88,829	50,075	

* 당사는 국제회계기준(IFRS) 도입에 따른 간주원가 적용을 위해 2010년 3월 31일에 2010년 1월 1일을 기준으로 토지 재평가를 실시하였습니다. 상기 토지의 당기 증가액은 모두 당해 재평가로 인한 증가액 입니다.
  (상세한 내용은 동 보고서 'XII. 부속명세서' 참조)

출처 : 서홍캅셀 2010년 1분기보고서

지역이나 시기에 따라 토지와 신규 설비의 가격은 모두 다를 것이다. 하지만 편의상 같다고 가정하고 먼저 현재 매출 규모를 발생시키는데 어느 정도의 설비 투자가 소요되었는지를 파악해 보자. 유형자산 중 토지, 건물, 구축물, 기계장치가 신설 공장에 들어간다고 가정한다. 이들 유형자산의 취득원가는 1,710억 원이다. 새로 취득한다고 가정했으므로 감가상각누계액은 무시해도 좋다. 이 중 이전 예정지인 충청북도(서흥캅셀은 충청북도 청원군의 오창산업단지로 이전하였다)의 토지 179억 원을 제외하면 1,531억 원이다. 2009년의 매출액이 1,078억 원이니 단위 매출액 당 1.42배의 설비가 필요하다.

'설비의 신설 또는 매입 계획'이라는 항목에서 향후 설비 투자 계획에 대해서 밝히는 회사도 있다. 그러나 숫자를 구체적으로 알려주지 않는다면 이 작업은 꼭 필요하다. 그렇지 않으면 성장에만 주목해 투자했다가 매출액은 증가했음에도 이익이나 주주자본은 증가하지 않는 안타까운 상황을 맞이할 수도 있다.

1년이 지나지 않아 서흥캅셀은 공장을 증설한다는 '신규 시설 투자' 공시를 한다. 기집행 금액과 공시된 투자금액을 합하면 1,498억 원이 소요될 예정이다. 회사에 문의한 결과 하드캡슐 설비는 기존 송내공장의 28기에서 오송공장에는 45기로 늘어난다고 한다. 설비의 효율과 하드캡슐의 단가를 동일하다고 가정하면 오송공장의 매출액은 약 764억 원으로 전망된다.

〈그림 6-6〉

1. 투자구분		공장신설(증설 지방이전)
2. 투자내역	투자금액(원)	127,264,000,000원
	자기자본(원)	112,194,511,979원
	자기자본대비(%)	113.43%
	대규모법인여부	미해당
3. 투자목적		1. 증설이전으로서 생산능력 향상을 통한 글로벌 경쟁력 강화 2. 첨단설비를 갖춘 신공장 건설 3. 정부의 수도권 과밀 억제 정책에 따른 공장의 지방이전으로서 법인세 절감 효과
4. 투자기간	시작일	2010-01-01
	종료일	2012-12-31
7. 기타 투자판단에 참고할 사항		1. 위 투자금액과 투자기간은 향후 진행상황에 따라 변경될 수 있습니다. 2. 상기의 자기자본은 2008년말 기준금액입니다. 3. 소재지 : 충청북도 오송생명과학단지 4. 충청북도 오송생명과학단지 지방이전과 관련하여 토지 9,980백만원, 기계설비 6,671백만원, 소재지주변 아파트 5,776백만원을 기집행하였고 상기 표의 투자금액은 이를 제외한 금액입니다.

출처 : 서흥캅셀 신규 시설 투자 등 (2009.12.21)

분석해어요! 〈표 6-2〉 서흥캅셀 증설 전후 하드캡슐 사업부

	하드 설비	생산 능력	개당 단가	매출액
송내공장	28기	131억 개	3.6원	473억 원
오송공장	45기	212억 개	3.6원	764억 원

출처 : 더퍼블릭인베스트먼트

 매출액 = 생산 능력 × 개당 단가

잉여현금흐름 | 기업이 사업활동에서 벌어들인 현금에서 각종 비용과 세금, 설비 투자 등을 빼고 남은 현금흐름. 워렌 버핏이 주장하는 주주 이익과 유사한 개념이다.

CAPEX | 자본적 지출이라는 뜻. 설비 투자와 자주 혼용된다.

수익·비용 대응의 원칙 | 기업 회계 기준상 수익과 비용을 발생 원천에 따라 명확하게 분류하고, 각 수익 항목에 관련되는 비용 항목을 대응 표시하여야 하는 원칙.

내용연수 | 유형자산이 영업활동에 사용될 수 있는 예상 기간.

상각 방법 | 감가상각은 그 방법에 따라 정액법, 정률법 등으로 나뉜다. 내용연수 기간 동안 매년 같은 금액을 상각하는 것이 정액법, 매년 미상각잔액에 같은 비율로 상각하는 것이 정률법이다. 정액법과 비교해 정률법의 감가상각비는 내용연수 초반에 크고 후반으로 갈수록 줄어든다.

잔존가치 | 설비자산은 일반적으로 그 자체가 가진 능력이 다하더라도 매각하여 얻을 수 있는 처분가치를 가지고 있다. 감가상각은 취득가액에서 잔존가치를 제한 금액만을 대상으로 한다. 우리나라 세법에서는 유형자산의 잔존가치를 취득가액의 10%, 무형자산의 잔존가치는 없도록 규정하고 있다.

가치투자자들 사이에서 설비 투자는 금기처럼 여겨져 왔다. 잉여현금흐름 free cash flow 을 악화시키기 때문인데 아마도 일부는 맹목적으로 '워렌 버핏이 싫어했기 때문'이라고 답할지도 모르겠다. 여기서도 한 가지 짚고 넘어가자면 워렌 버핏이 싫어한 것은 단지 이익을 유지하려는 데에도 지속적인 설비 투자가 필요한 회사이다. 적절한 설비 투자를 통해 주주 이익 share holders' earnings, owners' earnings 과 ROE를 높이는 행위는 경영자에게 일임할 것이다. 따라서 투자에 성역은 없다는 마음가짐으로 신규 사업이나 투자 건에 대해 객관적으로 판단할 필요가 있다.

재무적으로 보면 CAPEX CAPital EXpenditure 는 집행 시기에 투자활동 현금흐름이 대규모로 유출되고, 회수 시점부터 영업활동 현금흐름이 유입된다. 살아 있는 생물체인 기업은 이 모든 것을 가치에 반영한다. 그러나 일반 투자자들은 회계상의 이익을 중요시하는 경향이 있고, 그들을 위해 감가상각비가 존재한다. 감가상각비는 수익·비용 대응의 원칙에 따라 장기간 사용할 자산을 취득하는 데 쓰인 비용을 해당 자산의 내용연수만큼 나누어 포괄손익계산서에 비용으로 반영하는 것을 말한다. 개인투자자에게는 상각 방법이나 잔존가치에 개의치 말고 정액법을 사용하기를 권한다. 국제기업회계기준(IFRS)에서도 재무제표 작성자(기업)에게 내용연수를 합리적으로 추정하고 정액법을 사용할 것을 권고하고 있다. 모두 기업의 실체에 더 다가가기 위함이다.

> **간단 재무상식**
>
> 감가상각비 = (토지 제외) 유형자산 취득원가 ÷ 내용연수

〈그림 6-7〉

(2) 감가상각방법
유형자산에 대한 감가상각은 다음의 내용연수와 감가상각방법에 의하여 계상하고 있으며, 감가상각누계액을 해당 자산과목에서 차감하는 형식으로 표시하고 있습니다.

구분	송내공장		부산공장	
	상각방법	내용연수	상각방법	내용연수
건물, 구축물	정액법	15~30년	정액법	50년
기계장치	정율법	6년	정액법	10년
차량운반구 외	정율법	4년	정액법	5년

출처 : 서흥캅셀 2009년 감사보고서

 〈표 6-3〉 서흥캅셀 오송공장 CAPEX 추정의 예 (단위 : 억 원)

구분		1년차	2년차	3년차
CAPA		764	764	764
가동률		50.0%	75.0%	100.0%
매출액		382	573	764
영업현금흐름		53	80	107
CAPEX	토지	100		
	건물	700		
	기계장치	500		
감가상각비	토지	0	0	0
	건물(36년)	19	19	19
	기계장치(6년)	83	83	83
영업이익		-49	-22	5

출처 : 더퍼블릭인베스트먼트

EBITDA 마진 | EBITDA/매출액. EBITDA는 종종 영업현금흐름과 유의어로 사용된다. 본문에서 영업이익률 대신 EBITDA 마진을 사용한 이유는 감가상각비에 따라 영업이익이 변동할 수 있다는 것을 설명하기 위함이다.

지금까지 배운 생산 능력, 가동률, CAPEX와 감가상각비 등을 총동원하여 서흥캅셀 오송공장의 추정 포괄손익계산서를 작성한 것이 위의 표이다. 생산 능력은 764억 원이지만 당장 대규모 수주를 받는다기보다는 3년에 걸쳐 풀가동된다고 가정하고, EBITDA$_{\text{Earnings Before Interest, Tax, Depreciation and Amortization}}$ 마진은 2009년 수준인 14%를 가정하였다. 건물과 기계장치의 내용연수는 각각 36년(송내공장 22년 6개월과 부산공장 50년의 평균)과 6년으로 하여 매년 감가상각비는 102억 원이 지출될 것이다. 3년차부터는 연간 100억 원 이상의 현금이 창출됨에도 불구하고 포괄손익계산서에는 거의 이익이 나지 않는 것으로 보일 수 있다.

영업이익과 감가상각비, 영업현금흐름과 CAPEX, 어느 쪽이 기업의 실질에 가까운지, 주가는 어디에 반응할지 판단하는 것은 각자의 몫이지만 확실한 것은 자신만의 시각을 가지고 있지 않으면 시장에 휘둘리게 된다는 점이다. 분명히 대규모의 현금이 지출되었음에도 이는 까맣게 잊고 영업현금흐름만을 보고 저평가라고 추천하거나 충분히 현금을 벌어들이고 있지만 회계상의 감가상각비 때문에 고평가라고 치부하는 일들은 주식시장에서 오늘날에도 너무 많이 벌어지고 있다. 그래서 워렌 버핏이 강조한 것이 주주이익이다. 주주이익은 영업현금흐름(또는 순이익에 감가상각비를 더해도 무방하다)에서 CAPEX를 차감한 것으로 간단히 계산할 수 있다. 여기에서 CAPEX는 생산 능력을 늘리는 등에 필요한 대규모 비용이 아니라 현재 생산 능력을 유지하기 위해 들어가는 유지 보수 비용만을 의미한다. 대규모 CAPEX가 발생하면 영업현금흐름도 동시에 증가할 것으로 예상할 수 있기 때문이다.

> **간단 재무상식**
>
> 주주 이익 = 영업현금흐름 − 설비 투자
>   = 당기순이익 + 감가상각비 − 설비 투자
>   = 잉여현금흐름

★ 꼭 기억하자 ★

- 가동률의 함정에 속지 마라. 재무제표 작성자는 생산 능력을 언제든지 조정할 수 있다.

- 가치투자자에게 중요한 것은 순이익도, 현금흐름도 아니다. 주주이익이다. 기업의 사정에 맞춰 원하는 가치평가 결과를 만들려고 하는 것은 '더 큰 바보 게임'을 하는 투기자이다.

더 큰 바보 게임 | 어떤 자산을 내재가치 분석 없이 그저 나보다 멍청한 누군가가 더 비싼 가격에 사줄 것만을 기대하고 사는 행위. 17세기 초 네덜란드의 튤립 투기 현상이 대표적 예이다.

7장 Q의 중요성

○── 사업보고서 이 곳을 보자

II. 사업의 내용 – 5. 매출에 관한 사항

벤저민 그레이엄 방식의 투자를 하는 일부 가치투자자는 성장을 극단적으로 꺼린다. 성장기의 기업은 성숙기의 기업보다 모아둔 자산도 적고, 경쟁이 치열해 이익의 안정성도 떨어지기 때문이다. 하지만 성장은 기업에게 가장 중요한 요소 중 하나이고, 적정한 가격만 뒷받침된다면 문제될 것이 없다. 오히려 P_{price} 증가라는 덫에 빠지는 순간 고난의 투자가 시작된다고 해도 과언이 아니다. 왜냐하면 매우 강력한 경제적 해자를 가지고 있지 않으면 가격전가력을 가지기 어려운데, 그러한 기업은 쉽게 찾을 수 없기 때문이다.

그리고 경제적 해자라는 것은 특정 비즈니스에만 있는, 타고나는 속성이 아니라, 훌륭한 경영자와 함께 오랜 기간 풍파를 이겨 내는 과정에서 탄생하는 일종의 노하우 같은 것이라 성숙기를 맞이했을 때 발현되는 경우가 많다. 따라서 P보다는 $Q_{Quantity}$의 성장이 기업가치를 제고시키기에 더 쉬운 길이다. 또 비용 통제만으로 늘릴 수 있는 이익은 매출액까지가 한계이다. KT&G의 사례를 보자.

〈그림 7-1〉

(2) 시장점유율

(단위 : 백만본, %)

구 분	2009년	2008년	2007년	2006년
당사 판매량	59,058	62,716	63,582	62,587
경쟁사 판매량	35,704	32,205	28,265	25,131
합 계	94,762	94,921	91,847	87,718
점유율	62.3	66.1	69.2	71.4

※ 국내 담배시장

출처 : KT&G 2009년 사업보고서

전세계적인 금연 추세 속에 OECD 최고 흡연율이라는 불명예를 갖고 있는 우리나라 또한 2008년을 기점으로 담배 판매량이 줄고 있다. 게다가 KT&G는 젊은이들의 수입담배 선호 현상으로 시장점유율까지 빼앗겨 어려운 상황을 맞이하고 있다.

'Ⅱ. 사업의 내용'에는 매출액을 '사업 부문별 재무 정보', '주요 제품 및 서비스 등에 관한 사항', '매출에 관한 사항' 등에 걸쳐 여러 번 나열한다. 그 중 많은 투자자들이 '주요 제품 및 서비스 등에 관한 사항'만을 훑어보고 매출액은 재무제표에서 확인하는 것으로 알고 있다. 하지만 3개년의 사업 부문별 판매량 추이는 주로 '매출에 관한 사항'에 공시된다. Q의 점검을 위해 이 부분을 읽어 보는 새로운 습관을 들여 보자.

〈그림 7-2〉

5. 매출에 관한 사항
가. 매출실적

(단위 : 백만갑, Ton, 백만원)

사업부문	매출유형	품목		제23기 연간		제22기 연간		*제21기 연간	
				수량	금액	수량	금액	수량	금액
담배	제품	궐련(제조담배)	수 출	1,843	552,773	1,946	501,467	1,865	379,280
			내 수	2,953	1,919,281	3,136	2,012,697	3,179	1,963,131
			합 계	4,795	2,472,054	5,082	2,514,164	5,044	2,342,411
		궐련(제조담배) ※MAC 매출	수 출	-	-	-	-	-	-
			내 수	259	19,487	209	15,195	176	14,874
			합 계	259	19,487	209	15,195	176	14,874
	-	분양수익 및 임대수익	수 출	-	-	-	-	-	-
			내 수	-	258,033	-	21,738	-	40,465
			합 계	-	258,033	-	21,738	-	40,465
	반제품 등	반제품 및 연구용역 외	수 출	-	12,368	-	3,068	-	1,186
			내 수	-	9,838	-	10,498	-	-
			합 계	-	22,206	-	13,566	-	1,186
	기 타	잎담배	수 출	621	4,623	2,532	8,480	5,796	13,753
			내 수	-	-	-	-	-	-
			합 계	621	4,623	2,532	8,480	5,796	13,753
합 계			수 출	-	569,764	-	513,015	-	394,219
			내 수	-	2,206,639	-	2,060,128	-	2,018,470
			합 계	-	2,776,403	-	2,573,142	-	2,412,689

※ 매출액은 순매출액
* 제21기 매출실적은 한국채택국제회계기준(K-IFRS)을 도입하기 전 회계처리 방식인 한국의 일반적으로 인정된 회계기준(K-GAAP)을 기준으로 작성하였음.

출처 : KT&G 2009년 사업보고서

자회사 한국인삼공사의 선전에도 불구하고 아직 이익에서 차지하는 비중이 작기 때문인지 증권가에서는 KT&G의 분기별 담배 판매량과 시장점유율만을 주가 변동 요인으로 판단하고 있다. KT&G

는 이에 발맞추어 2010년 6월 사상 최초로 다비도프라는 수입담배를 들여오는 강수를 두기도 했다. 우리도 증권가의 시각에서 KT&G의 분기 판매량을 점검해 보자. 분기별 데이터를 볼 때에는 '누적' 개념이라는 점에 유의해야 한다. 5장에서 언급한 제품가격도 마찬가지이므로 같이 확인하자.

〈표 7-1〉 KT&G 분기별 내수 담배 판매 (단위 : 100만 갑)

구분		2009년 1분기	2009년 2분기	2009년 3분기	2009년 4분기
공시기준 (누적치)	내수 담배 판매량	693	1,485	2,294	2,953
분기 재조정 (해당 분기 수치)	내수 담배 판매량	693	792	809	659

출처 : 2009년 분기별 각 보고서, 더퍼블릭인베스트먼트

공시 기준으로 KT&G의 분기별 판매량 추이는 한눈에 알아보기가 어렵다. 하지만 공시된 숫자에서 전 분기의 숫자를 차감하는 방식으로 재조정하니 2009년 4분기의 판매량이 급감한 사실을 알 수 있다.

〈표 7-2〉 백광소재 분기별 제강용 생석회 판매량 및 단가 (단위 : 원/톤)

구분		2009년 1분기	2009년 2분기	2009년 3분기	2009년 4분기
공시기준 (누적치)	제강용 생석회 단가	122,640	119,722	118,428	116,913
	생석회 매출액	3,970,441,000	7,836,090,000	11,877,257,000	16,950,790,000
	생석회 판매량	32,375	65,452	100,291	144,986
분기 재조정 (해당 분기 수치)	제강용 생석회 단가	122,640	116,866	115,997	113,514
	생석회 매출액	3,970,441,000	3,865,649,000	4,041,167,000	5,073,533,000
	생석회 판매량	32,375	33,078	34,839	44,695

출처 : 전자공시시스템, 더퍼블릭인베스트먼트

사실 '주요 제품 등의 가격 변동 추이'와 '주요 원재료 등의 가격 변동 추이'도 누적 개념이다. 먼저 매출액과 판매량을 분기 단위로 바꾸고, 매출액을 판매량으로 나누어서 해당 분기의 평균 판매 단가를 산출해야 한다. 끝없이 오를 것만 같던 백광소재의 제강용 생석회 가격이 2009년에는 생각보다 많이 빠졌다. 이렇듯 공시에서 스무딩Smoothing하여 제공하는 이유를 제출 시점의 기업 실질에 더 가깝게 하기 위함이라고 하지만, 이용자 입장에서는 변동성을 작게 보이려는 의도가 있다는 느낌을 지울 수가 없다. 또 한편으로는 직업 펀드매니저만 아니었다면 '10년을 보유할 회사이니 1년에 한 번쯤만 분석하면서 좀더 편하게 살 수 있지 않았을까?'라는 생각도 든다.

★ 꼭 기억하자 ★

- 가격전가력의 족쇄에 묶이지 마라. 기업이 가장 손쉽게 이익을 내는 것은 결국 '많이' 파는 것이다.

- 전자공시시스템은 '누적' 개념으로 눈속임을 하고 있다. 귀찮다고 생각하지 말고 분해하라.

8장 기업이 돈을 벌어온 역사, 자본총계

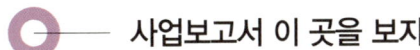

— 사업보고서 이 곳을 보자

Ⅲ. 재무에 관한 사항

    K-IFRS 하에서 재무제표는 재무상태표, 포괄손익계산서, 자본변동표, 현금흐름표로 이루어져 있다. 개인투자자들이 가장 많이 보는 순으로 나열하자면 포괄손익계산서, 재무상태표, 현금흐름표, 자본변동표가 될 것이다. 그런데 세부적으로 나누면 자본변동표만큼 어려워하는 부분이 재무상태표의 자본 항목이 아닐까? 자본은 부채비율이나 PBR을 계산하기 위해 자본총계만을 확인하고 흘려 지나치는 것이 보통이다. 하지만 아이러니하게도 그 회사에 대해 가장 쉬우면서도 근본적으로 이해할 수 있는 것이 자본이다.

주식투자자라면 누구나 한 번쯤 연평균 20%를 초과하는 워렌 버핏의 수익률을 부러워한 적이 있으리라 생각한다. 그런데 이 수익률이 일반적으로 생각하는 증권계좌의 수익률이 아니라는 것을 아는 사람은 얼마나 될까?

워렌 버핏은 '주가는 기업가치보다 싸게 사고 비싸게 파는데 이용해야 할 도구에 불과하고 기업가치는 결국 주주자본에 회귀한다'고 믿는다. 그래서 주주 레터를 통해 외부에 공개하는 수익률 또한 사실은 그가 최대주주이자 회장으로 있는 버크셔 해서웨이 자본총계의 증감률이다. 그만큼 자본의 장기 흐름을 살펴보는 것은 중요하다.

스톡 | 비축물, 저장품이라는 뜻으로 회사가 영업활동을 통해 누적해서 쌓아왔다는 의미로 해석된다. 스냅샷(snapshot)이라는 표현으로도 쓰인다.

플로우 | 흐름이라는 뜻으로 회사가 생산 및 판매활동을 지속적으로 하고 있는 상황을 의미한다.

누적 세로 막대형 차트 | 전체 항목의 합계를 기준으로 각 값의 기여도를 비교하여 전체와 개별 항목 간의 관계를 표시하는 차트.

재무상태표와 포괄손익계산서를 처음 설명할 때 재무상태표는 작성 시점의 단면을 나타내는 스톡stock 개념, 포괄손익계산서는 기초부터 기말까지의 흐름을 아우르는 플로우flow 개념으로 표현한다. 그러나 자본은 재무상태표의 항목임에도 시계열에 따라 플로우로 볼 때 그 진가를 발휘한다.

그리고 장기 시계열 데이터를 한눈에 봐야 하는 만큼 숫자로 가득한 표보다는 그래프가 편하다. 이때는 마이크로소프트 엑셀의 누적 세로 막대형 차트를 이용한다. 가로축에 사업연도 등의 시계열을 기입하고, 세로축에 납입자본, 주식발행초과금, 이익잉여금, 기타 자본 항목 등의 자본 세부 항목을 기입한 영역을 선택하고 '삽입-차트-세로 막대형-2차원 세로 막대형-누적 세로 막대형(마이크로소프트 엑셀 2007 기준)' 순으로 선택하면 된다.

〈그림 8-1〉

(단위 : 원)

구분	제 24기	제 23기	제 22기 (감사받지 않은 재무제표)
[지배기업 소유주지분]	785,084,821,318	737,902,512,907	728,283,286,287
・납입자본	40,662,398,000	40,662,398,000	40,662,398,000
・주식발행초과금	97,773,449,148	97,773,449,148	97,773,449,148
・이익잉여금	700,852,885,725	675,650,082,706	591,622,691,556
・기타자본항목	(54,203,911,555)	(76,183,416,947)	(1,775,252,417)
[비지배지분]	-	-	-
자본총계	785,084,821,318	737,902,512,907	728,283,286,287

출처 : 코웨이 2012년 사업보고서

〈그림 8-2〉 코웨이 자본총계 추이 (단위 : 억 원)

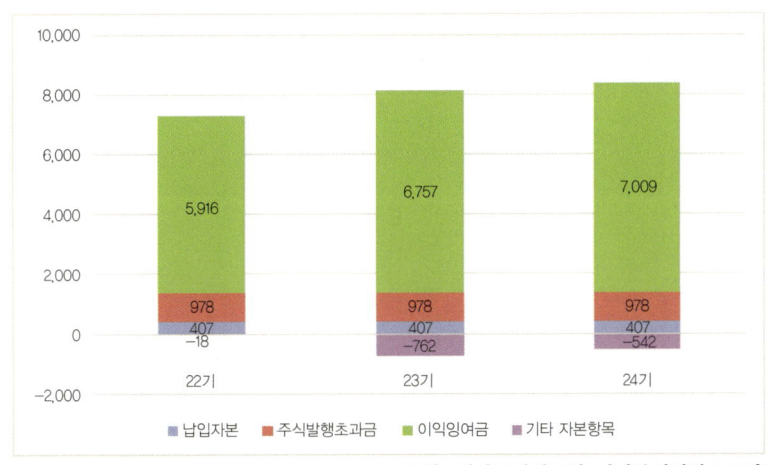

출처 : 전자공시시스템, 더퍼블릭인베스트먼트

일단 자본총계는 주주자본을 뜻하므로 우상향하는 것이 좋다. 그 중에서도 이익잉여금이 가장 중요하다. 당기순이익에서 배당금을 제한 금액이 쌓여 나가는 계정이므로 기업의 이익 창출 능력을 가늠해 볼 수 있다. 코웨이는 꾸준히 이익잉여금이 늘고 있어 계속 일정 규모 이상의 흑자를 기록해 왔음을 짐작할 수 있다.

<그림 8-3> 코웨이 주가(주봉) 차트 (2009~2013)

출처 : 키움증권

 코웨이는 장기간 이익잉여금과 주가가 꾸준히 상승해 온 좋은 기업이다. 2012년 사모펀드인 MBK파트너스가 인수한 이후 실적 개선 기대감에 더욱 가파른 주가 상승을 보여주고 있다.

    납입자본과 주식발행초과금은 주식의 발행과 연관이 있다. 납입자본은 액면가에 발행주식수를 곱한 것이고, 주식발행초과금은 유상증자 또는 기업공개 시 주당납입금이 액면가보다 높을 경우에 그 차이를 나타낸다. 좀 더 쉽게 말하면 회사의 주식을 외부에 팔아서 번 돈이다. 2012년 말 현재 코웨이의 주식발행초과금은 978억 원이다.

    혹시 번번이 납입자본이나 주식발행초과금이 늘어난다면 유상증자 등으로 주주에게 거듭 손을 벌리는 기업일 수 있으니 유의해야 한다. 특히 고성장 기업이 아니라 코웨이와 같이 성숙산업에 속한 기업이 그렇다면 영업활동만으로는 회사를 운영하기 어렵다는 뜻일 수도 있다.

> **간단 재무상식**
>
> 납입자본 = 액면가 × 발행주식수
> 주식발행초과금 = 주당납입금 × 발행주식수 − 납입자본

기타자본항목은 과거 GAAP 시절의 자본 조정과 기타포괄손익 누계액을 포괄하는 계정이다. 크게 두 가지를 기억하면 되는데 첫 번째는 자기주식이다. 여기서 잠깐 회계원리를 상기해 보자. 차변과 대변은 항상 일치해야 하므로 현금이 줄어들면 비용이 발생하거나 부채가 줄어야 한다. 그러나 매입한 자기주식은 포괄손익계산서상의 비용도, 재무상태표상의 부채도 아니므로 자본에서 차감 항목으로 기재한다. 재매각했을 때 현금이 들어오고 자본이 늘어나는 일종의 숨겨진 자산 중 하나인 것이다. 주주 친화 정책 때문이거나, 지분율이 낮은 대주주의 경영권 보호를 위해 과다하게 자기주식을 매입해 둔 회사를 찾는 것도 좋은 투자 아이디어이다. 2012년 말 현재 코웨이는 906억 원의 자기주식을 보유하고 있다.

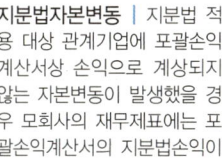

지분법자본변동 | 지분법 적용 대상 관계기업에 포괄손익계산서상 손익으로 계상되지 않는 자본변동이 발생했을 경우 모회사의 재무제표에는 포괄손익계산서의 지분법손익이 아닌 재무상태표의 기타자본 항목에 기재한다.

기타 자본 항목에서 기억해야 할 두 번째는 매도가능 금융자산이다. 당장 현금화 의도가 없는 상황에서 영업외 손익을 과다하게 변동시키는 것은 재무제표 이용자를 혼란스럽게 할 수 있으므로 보유 중인 평가손익은 자본 계정에 기록해 두었다가 실제 처분했을 때에만 포괄손익계산서에 올리는 것이다. 같은 개념으로 파생상품 평가손익, 지분법 자본 변동, 해외산업 환산손익도 기타 자본

항목의 단골손님이다.

한편 당기손익인식금융자산은 1년 이내에 매각할 자산으로 평가손익도 포괄손익계산서에 기록한다. 그 외에 K-IFRS 도입 시기에 잦았던 자산재평가도 영업으로 벌어들인 돈이 아니므로 기타자본 항목이다. 코웨이는 지분법 자본 변동과 해외사업 환산 손익에 소액이 반영되어 있다.

8장의 서두에서 말했듯이 대부분의 투자자들은 포괄손익계산서부터 주목하므로 기타 자본 항목에 숨겨져 있던 내용이 실현되어 포괄손익계산서에 반영되면 일거에 주가를 움직이는 경우도 있다. 꼼꼼히 뜯어본다면 자신만의 차익거래 기회를 만들 수 있다.

차익거래 | 동일한 상품이 서로 다른 시장에서 다른 가격으로 거래될 때 낮은 가격의 시장에서 매입하여 높은 가격의 시장에서 매도하는 무위험 거래. 워렌 버핏도 장기 가치투자 기회가 부족할 때 자주 이용하는 것으로 알려져 있다.

> **간단 재무상식**
>
> 자산총계 = 자본총계 + 부채총계
> 자산총계 – 자기주식 = (자본총계 – 자기주식) + 부채총계

> ★ 꼭 기억하자 ★
>
> - 자본총계는 회사가 돈을 벌어온 역사이다. 주주자본을 뜻하므로 우상향하는 것이 좋고, 그 중에서도 이익잉여금이 가장 중요하다.

9장 바쁘신 회장님 만나는 법

○── 사업보고서 이 곳을 보자

　　V. 이사의 경영 진단 및 분석 의견

○── 이 공시도 눈여겨 보자

　　영업보고서

　　기관투자자들이 개인투자자와 다른 점 중 하나는 기업 탐방을 자주 다닌다는 것이다. 기업 탐방은 회사가 지정한 IR_{Investor Relations} 담당자와 미팅을 갖는 것을 뜻하는데, 이때는 회사의 사업모델에 대해 설명을 듣거나 최근 실적이나 이슈에 대해 질의응답을 한다. 하지만 비범한 인사이트를 가지지 않은 이상 한두 시간 내에 회사의 분위기나 경영진의 특성을 판단하는 것은 현실적으로 불가능하다. 하물며 대기업이라면 더욱 말할 것도 없다. 제아무리 애널리스트, 펀드매니저라 하더라도 이건희, 정몽구 회장을 만날 일은 없다.

> IR │ 회사를 대표해 소통, 홍보하는 일. 투자자만을 대상으로 한다는 점에서 일반 홍보(Public Relations)와 다르다. IR 담당자는 주식 담당자와 동의어로 쓰이고 있다.

그래서 대기업의 고위 인사가 직접 발언하는 실적발표회장은 성황을 이룬다. 고위 인사일수록 구체적이기보다는 큰 그림을 뭉뚱그려 이야기하지만 궁여지책으로 그 속에서 회사의 미래와 비전을 읽고자 노력하는 것이 투자자의 할 일이다. 사업보고서 중 '이사의 경영 진단 및 분석 의견'과 사업보고서 첨부문서 중 '영업보고서'는 기업 탐방이나 실적발표회에 참가하지 않더라도 경영진의 의중을 파악할 수 있는 소중한 자료이다.

〈그림 9-1〉

2. 개요

2009년은 글로벌 금융위기로 촉발된 경기침체가 이어지며 어려운 경영환경의 연속이었지만 당사는 국내매출 10조 6,330억원, 영업이익 1조 4,223억원을 기록하는 등 사상 최대의 실적을 기록하였고 <u>자동차 전장부품 전문업체인 현대오토넷을 합병하는 등 미래 성장동력 확보를 위한 기반을 마련</u>하였습니다.
또한 양호한 영업실적에 따라 부채비율과 차입금비율이 낮아지는 등 재무안정성이 강화되었고 대규모 투자지출에도 불구하고 원활한 현금흐름으로 적정 유동성을 확보하게 되었습니다.
당사는 <u>2010년을 '자동차 미래기술 확보를 통한 제3의 도약'의 해로 삼아 미래 성장을 위한 원천 기술력 확보에 힘쓰고 혁신활동도 더욱 강화할</u> 것입니다. 또한 2010년 사업목표인 당사매출 11조 7천억원과 해외법인 매출 89억 달러를 달성하여 외형적인 성장도 지속되도록 노력하고 있습니다.

출처 : 현대모비스 2009년 사업보고서

〈그림 9-2〉

우선, 우리 회사는 자동차 전장품 전문생산업체인 현대오토넷을 성공적으로 합병하고, 미래 지능형 안전자동차를 구현할 수 있는 기술경쟁력을 더욱 강화하였습니다. 이와 함께, 새로운 신 성장동력 사업으로 육성하고 있는 친환경 자동차 핵심부품 사업에서도 LG화학과 협력하여 친환경 자동차용 배터리 부문까지 새롭게 진출하는 등 미래 성장 기반을 더욱 확고히 하였습니다. 국내의 김천 램프공장을 비롯하여 유럽의 체코와 북미의 조지아 모듈공장에 이르는 핵심부품 및 대단위 모듈공장을 추가로 준공한 것도 주목할 만한 성과였습니다. 이를 통해, 제품경쟁력을 높일 수 있는 글로벌 제조기반을 더욱 강화할 수 있었습니다. 현대모비스의 이 같은 기술 및 생산 경쟁력은 대외적으로도 높이 평가받아, 미국의 크라이슬러와 GM을 비롯하여 유럽의 다임러, 폴크스바겐 등에 첨단 모듈제품 및 핵심부품을 수출하는 쾌거를 올리기도 하였습니다.

이러한 가시적인 성과와 함께, 경영 전반에 걸쳐 낭비 요소를 제거하고 업무 효율을 높이는 작업도 병행하였습니다. 이러한 내부 개선활동으로 지난 해, 생산 및 물류 부문에서만 천백억 원에 이르는 비용절감 효과를 창출한 것도 중요한 결실입니다.

(중략)

금융위기 이후 지속된 글로벌 실물경기 침체는 여전히 계속되고 있고, 최근 품질문제로 야기된 도요타의 리콜사태로 글로벌 자동차산업은 어수선하기만 합니다. 친환경자동차 개발 등을 둘러싸고 치열하게 전개되고 있는 기술개발 및 판매 경쟁도 각 기업의 마케팅 전쟁을 넘어 국가 간 무역마찰로까지 번지고 있기도 합니다. 이처럼 한치 앞을 내다볼 수 없는 글로벌 자동차산업에서 전 세계 완성차업체들의 뼈를 깎는 생존경쟁은 앞으로 더욱 심화될 것으로 전망됩니다. 이에 우리

▶ 이어집니다.

회사는 [자동차 미래기술 확보를 통한 제3의 도약]을 올해의 경영목표로 정하고, 올 초부터 혁신활동을 더욱 강화하고 있습니다. 이를 통해, 품질과 서비스에 이르는 원천경쟁력에 대한 치밀한 관리는 물론, 미래 핵심동력 확보에도 역량을 집중해 지속적인 성과를 창출해 낼 것을 주주 여러분께 약속 드립니다.

우선, 현대모비스는 올해 국내매출 11조 7,000억 원과 해외법인 매출 89억 달러를 달성할 계획입니다. 그리고 이러한 사업목표 달성을 위해 다음과 같은 몇 가지 중점사항을 중심으로 사업을 추진하고자 합니다. 첫째, 기술모비스로서의 위상을 강화해 나갈 것입니다. 미래 친환경, 지능형 자동차에 적용될 다양한 선행기술에 역량을 집중하는 것은 물론, 주요 원천기술에 대한 기술 자립성도 확보해 나가겠습니다. 이를 통해, 현대모비스는 모듈과 전자기술을 융합한 새로운 형태의 독자제품을 선보일 수 있도록 진화해 나갈 것입니다. 둘째, 철저한 품질관리에 만전을 기하겠습니다. 설계부터 생산 전반에 이르는 품질시스템에 대한 지속적인 재점검을 통해, 품질경쟁력이 조금도 훼손되는 일이 없도록 할 것입니다. 또한, 협력업체와의 상생방안을 모색함으로써 유기적인 공조체제를 통한 건강한 가치창출을 도모할 계획입니다. 셋째, 수익기반 판매를 확대해 나갈 것입니다. 소비자의 신규 트렌드를 반영한 멀티미디어, 메카트로닉스 제품을 개발하는 한편, 해외 완성차메이커로의 수출은 물론 공급품목도 확대해 나갈 계획입니다. 이와 함께 용품의 라인업을 확대하고, 품목과 상권을 세분화한 맞춤형 현지 마케팅으로 순정품의 브랜드 위상을 높여나갈 것입니다.

출처 : 현대모비스 2009년 영업보고서

앞의 자료들에서 현대모비스 경영진이 강조한 것은 진정한 부품회사로의 발돋움이라고 생각한다. 현대모비스의 주된 사업은 각 협력업체들로부터 받은 부품을 정비소에 유통하거나(부품사업) 조립해 현대자동차나 기아자동차에 공급하는(모듈사업) 것이다. 지금까지 계열사나 협력사 사이에서 쉽게 성장하던 길이 한계에 다다랐으니 기술을 갖추자는 것이다. 그 중심에 전장부품이 있다. 이 정도만 읽어도 현대모비스 IR 담당자에게 어떤 질문을 던져야 하는지 윤곽이 잡힌다.

필자가 지적한 부분에 유의해 보고서를 읽은 현명한 투자자라면 이런 식의 질문이 가능할 것이다.

전장부품 | 자동차에 들어가는 전기전자장치 부품. 파워트레인(엔진, 변속기)용 전기장치, 편의장치, 안전장치, 인포테인먼트(Infotainment) 장치 등을 통칭한다.

(현대모비스 IR 담당자에게 질의할 사항)
"현대오토넷과 합병 후 어떤 시너지 효과를 기대할 수 있습니까?"
"미래 친환경, 지능형 자동차에 적용될 선행기술 중 상품화가 가까운 것은 어떤 것이 있습니까?"
"현재 연구하고 있는 원천기술은 어떤 것이며, 자체 연구개발 외 추가로 원천기술을 확보하려는 구체적 방안은 무엇입니까?"

워렌 버핏은 경영학에서 주장하는 효율적시장 가설을 강하게 부인하고 그 근거를 투자 성과로 몸소 보여주고 있다. 하지만 점차 투자 기법이 발달하고 정보 수집이 손쉬워지면서 과거보다 저평가 종목을 찾기 어려워진 것은 부인할 수 없는 사실이다. 같은 논리로 한 회사의 가치가 여러 사업부 가치의 합이라고 본다면, 많은 투자자들이 이미 주목하고 있는 기존 사업보다는 신규 사업을 발 빠르게 분석하는 것이 분석의 효율을 높이는 방안일 수 있다.

효율적시장 가설 | 자본 시장이 이용 가능한 정보를 증권가격에 즉시 반영한다는 가설. (1) 기술적 분석으로 초과 수익을 얻을 수 없다는 약형 (2) 공개된 정보로는 초과 수익을 얻을 수 없다는 준강형 (3) 내부정보 이용을 포함해 어떤 방법으로도 초과 수익을 얻을 수 없다는 강형으로 나누어진다. 유진 파마(Eugene Fama) 교수가 발표했다.

이렇듯 경영진의 말에 귀를 기울이는 것은 중요하다. 그러나 선결 조건으로 경영진을 신뢰할 수 있어야 한다. 경영진의 신뢰성을 평가하는 방법은 여러 가지가 있겠지만 과거의 언행일치 여부와 경영 성과를 복기해 보는 것을 제안한다. 다음은 KT&G의 2009년 영업보고서에 나온 2010년 경영 목표이다.

〈그림 9-3〉

5. 2010년 경영목표

2010년은 글로벌경제 회복에 대한 기대감이 높으나 환율하락, 고용·내수침체 등 불확실한 경영환경도 예상되고 있습니다. 또한, 경제위기로 미뤄졌던 흡연규제법안 및 담배조세 이슈 논의가 가속화 될 것으로 예상됩니다.

따라서, 회사는 원가·비용·현금흐름 개선 등 지난해의 위기경영체제를 지속 강화하는 한편, 국내외 경기변화에 대한 주도면밀한 대응으로 위기 속에서 기회를 찾는 기업가치 제고 전략을 추진하고자 합니다.

첫째, 기존 사업에 대한 근본적인 혁신전략을 추진하겠습니다.

국내담배사업은 소비자 중심의 마케팅 체제 전환, Big 브랜드 육성 등 경쟁요소를 재정립하고 적극적 원가관리로 수익성 확보에 주력하겠습니다.

해외담배사업은 핵심시장 판촉 강화와 신시장 개척으로 매출규모를 확대하고 전략적 제휴 및 현지생산·마케팅 안정화로 성장기회를 탐색하겠습니다.

인삼사업은 R&D 역량 기반의 경쟁우위를 강화하고 국내·해외 유통망 확충, 비홍삼 건강기능성 브랜드 육성 등으로 성장동력을 확충하겠습니다.

둘째, 성장투자의 방향 및 기본 원칙을 재정립 하겠습니다.

성장투자는 기 투자자산의 목적 달성여부와 수익성을 기준으로 운영방향을 근본적으로 재정립하되, 이익환수를 최우선 고려하고, 환수된 이익을 성장사업에 재투자하여 성장 동력을 확보하겠습니다.

셋째, 경영 불확실성을 감안한 안정적 재무전략을 추진하겠습니다.

환율하락, 매출·수익 감소 등 불확실성에 대비하여 자원집행 효율화를 통한 전략적 비용 감축과 유휴부지·투자자산 매각 등을 추진하여 최악의 상황에서도 기업의 수익성과 안정성을 유지할 수 있도록 운영하겠습니다.

출처 : KT&G 2009년 영업보고서

〈표 9-1〉 KT&G 2009년 영업보고서상 경영 목표 실행 여부

사업 부문	2010년 경영 목표	구체안	
		이미 시행	시행 예정
국내 담배	소비자 중심의 마케팅 체제 전환	다비도프 도입	N/A
	Big 브랜드 육성		
	적극적 원가 관리	임직원 10% 구조조정	N/A
해외 담배	핵심시장 판촉 강화	발표된 구체안 없음	
	신시장 개척	발표된 구체안 없음	
	전략적 제휴	다비도프 도입	N/A
인삼	국내·해외 유통망 확충	N/A	중국 직접 유통
	비홍삼 건강기능성 브랜드 육성	N/A	서브 브랜드 육성 중
기타	환수된 이익을 성장사업에 재투자	자사주 매입 중지	N/A
	전략적 비용 감축	임직원 10% 구조조정	N/A
	유휴부지·투자자산 매각	셀트리온 지분 매각	N/A

출처 : 전자공시시스템, 더퍼블릭인베스트먼트

　1년이 지난 후 언론과 기업 탐방을 통해 경영 목표의 실행 여부를 점검해 보았다. 핵심시장 판촉 강화와 신시장 개척을 제외한 9개 항목이 이미 시행되었거나 예정에 있었다. 영업보고서를 KT&G처럼 구체적으로 기재하는 회사도 드물지만 1년 만에 목표에 가시적으로 다가가는 회사는 더욱 드물다. 누구라도 KT&G에 관심을 가지고 있었다면 신문기사나 인터넷 검색 등으로 2010년에 많은 변화들이 일어나고 있음을 눈치챘을 것이다. 그러나 영업보고서를 읽은 투자자는 당시 대표이사의 포부가 말로만 그치지 않았음을 깨닫고 경영진을 신뢰하게 되는, 더 큰 의미를 찾을 수 있다. 그리고 매 분기 판매량에만 목매는 단기적인 시각의 투자를 하지 않을 수 있게 된다.

이제 광주신세계의 사례를 살펴보자.

〈그림 9-4〉

신규 시설투자 등

1. 투자목적물		광주신세계 E-MART
2. 투자액 (원)		65,600,000,000
- 자기자본 (원)		85,359,284,681
- 자기자본 대비 (%)		76.85
3. 생산할 제품 및 규모 (영위할 사업 내용)		할인점 및 주차빌딩
4. 투자목적		수익확대 및 수익 Source 다원화
5. 투자기간		2005년 1월 20일 ~ 2006년 6월 30일
6. 재원조달방법		사내유보액 및 차입금에 의한 조달
7. 소재지		광주시 서구 화정동 12-13 일대
8. 이사회 결의일(결정일)		2005년 01월 20일
- 사외이사 참석여부	참석(명)	3
	불참(명)	-
- 감사(사외이사가 아닌 감사위원) 참석여부		-
9. 대규모법인 해당여부		아니오
10. 기타		결정일은 이사회 결의일이며, 투자금액은 vat를 제외한 금액입니다. 상기투자금액은 건축공사, 공사감리, 인테리어 등을 포함한 금액입니다. 상기 투자일정 및 금액은 투자진행에 따라 다소 변경이 있을 수 있습니다.
※ 관련공시일		-

출처 : 광주신세계 신규 시설 투자 등 (2005.01.20)

광주신세계는 광주광역시 서구에서 신세계 백화점과 이마트 할인점을 같은 공간에서 운영하고 있지만 처음부터 그랬던 것은 아니다. 원래는 백화점만 운영하고 있었으나 할인점을 신축하면 고객군이 겹쳐 시너지 효과를 낼 수 있다고 판단해 자기자본의 77%에 달하는 대규모 투자를 결정했다.

당시 시장 참여자들은 유휴 현금을 효율적으로 활용했다고 판단하여 열광했다. 이미 다 지난 이야기를 왜 꺼내냐고 반문할 수도 있다. 하지만 이는 광주신세계와 대주주 정용진 부회장의 자본 배치 능력을 알 수 있고, 그에 따른 장기 보유 여부를 결정하는 데 큰 도움이 된다. 지방 백화점은 지역적 한계로 신규 출점이 자유롭지 못해 이익잉여금이 현금으로 쌓이는 구조이기에 이러한 판단은 더 중요하다.

〈표 9-2〉 광주신세계 E-MART 투자안 비교   (단위 : 억 원)

구분	연간 기대수익	현재가치
현금성자산	N/A	656
기회비용 (평균 운용금리 2.3%)	15	119
영업이익 순증 (자본회임기간 1.5년)	116	883
자사주 매입 (자본회임기간 1.5년)	N/A	2,006

출처 : 더퍼블릭인베스트먼트

기대수익률 15%, 영구성장률 2.3% 가정

자본회임기간 | 설비 투자에 필요한 기간. 자본이 투입되고 결과물이 나올 때까지의 과정이 동물의 임신과 유사해 붙여진 이름이다.

설비 투자를 하지 않고 현금을 그대로 가지고 있을 경우에 광주신세계가 얻을 수 있는 이자수익은 15억 원이고, 이를 배당할인모형에 기초해 내재가치를 계산하면 119억 원이 된다. 광주신세계가 할인점을 신축하는 데 걸린 시간은 1년 6개월이고, 신축 후 증가한 영업이익은 116억 원이다. 이를 다시 배당할인모형으로 계산하면 할인점 신축에 따른 기업가치 개선은 913억 원〔116 ÷ (0.15 - 0.023)〕이다. 이를 다시 현재가치로 환산하면 883억 원〔913 ÷ (1+

배당할인모형 | 기업의 내재가치는 미래 배당소득 총합의 현재가치와 같다고 가정하는 가치평가 방법으로, (1) 배당금이 일정할 경우 배당금을 기대수익률로 나눈 값을 내재가치로 (2) 배당금이 꾸준히 성장할 경우 차기연도 배당금을 (기대수익률 - 배당성장률)로 나눈 값을 내재가치로 본다.

0.023)]이 된다. 이자수익보다 훨씬 큰 이익을 얻었을 뿐만 아니라 현금을 모두 배당했을 때보다도 높은 효과를 얻었다. 결과론적으로는 주가가 급등하는 바람에 자사주 매입의 가치가 더 높은 것처럼 나타났지만, 사실 할인점 투자가 없었다면 주가가 오르지도 않았을 것이고 현금은 한정되어 있는 것이므로 할인점 투자와 자사주 매입을 동시에 하는 것은 불가능하다. 결국 영업활동으로만 한정짓는다면 광주신세계의 자본 배치 능력은 뛰어나다고 할 수 있다. 같은 원칙과 역량을 보여준다면 2013년 현재 다시 많아진 현금을 허튼 곳에 쓸 걱정은 하지 않아도 되겠다.

〈그림 9-5〉 광주신세계 주가(주봉) 차트 (2004~2007)

출처: 키움증권

보유 현금이 많아 만년 저평가 주식이었던 광주신세계는 이마트 투자를 발표한 이후 영업을 시작하기도 전에 주가가 4배 이상 뛰었다.

> **간단 재무상식**
>
> (배당할인모형에 의한) 내재가치 = 차기연도 배당금 ÷ (기대수익률 − 배당금 성장률)
> = (차기연도 순이익 × 배당성향) ÷
> [기대수익률 − { (1 − 배당성향) × ROE }]

 2012년 사업보고서 기준 광주신세계 (배당할인모형에 의한) 내재가치
= 23 ÷ (0.150 − 0.143)
= (615 × 0.037) ÷ {0.150 − {(1 − 0.037) × 0.149}}
= 3,286 (단위 : 억 원)

* 기대수익률 15% 가정, 배당성향 3.72%, ROE 14.9% 유지 가정
* 본 가치평가는 '간단 재무상식'의 이해를 돕기 위해 작성되었습니다. 단 배당할인모형은 배당성향과 ROE가 유지되어, 현금배당금총액이 같은 속도로 증가한다는 가정을 하기 때문에 실제 기업가치와는 괴리가 있을 수 있습니다.

★ 꼭 기억하자 ★

- 고위 경영자는 구체적인 이야기를 하지 않는다. 하지만 가끔은 그들만이 알고 있는 큰 그림이 IR 담당자가 몰래 알려주는 다음 분기 실적보다 훨씬 더 중요할 때도 있다.

- 경영진 인터뷰는 이성친구를 데려오기 전 잘 정리한 방과 같다. 그 당시의 모습만 볼 게 아니라, 과거와 현재의 시간 속에서 언행일치가 되는지를 확인하라.

♣ 뒷이야기

- 광주신세계는 2013년 5월 금호터미널과 임차 계약을 갱신하였다. 기존 보증금 270억 원에 매출액의 1.6%를 임차료로 지급하던 것을, 보증금 5,270억 원의 전세 계약으로 바꾼 것이다. 유동성 위기에 시달리던 금호아시아나그룹에 대규모 자금을 안겨주며 20년의 장기 임차 계약을 이끌어낸 것이다. 시장에서는 신세계가 인천점이 입점해 있던 인천터미널 개발사업을 롯데쇼핑에게 빼앗겨 영업을 중단하게 된 이후 임차 위험을 크게 인식하게 되었다는 평이다.

10장 투자유가증권도 팔지 못하면 그림의 떡

사업보고서 이 곳을 보자

Ⅵ. 이사회 등 회사의 기관 및 계열회사에 관한 사항
　－ 4. 계열회사 등의 현황

이 공시도 눈여겨 보자

감사보고서

주가의 하방 경직성 | 주가의 하락을 제한하는 성질.

안전마진 | 증권에 투자할 때 당초의 예측이 어긋나더라도 기대 수익을 달성할 수 있게 하는 완충 장치. 벤저민 그레이엄이 저서 『증권 분석』에서 채권투자 시 이자 지급 능력의 보수적 판단을 위해 기업의 영업이익의 변동 가능성을 'Margin of safety'라고 처음 사용했다. 워렌 버핏은 기업의 내재가치와 매수 가격의 차이로 재정의했다. 국내에서는 주로 '안전마진'이라고 번역해 쓴다.

　기업가치 분석에서 수익가치만큼 중요한 것이 자산가치이다. 자산이 풍부한 회사는 주가의 하방 경직성이 뛰어나 안전마진을 확보하기 쉽다. 극단적으로 말해 주당순자산가치(BPS)보다 주가가 낮게 형성될 경우 회사의 영업을 중단하고 청산 절차를 밟으면 무위험 수익을 달성할 수 있다. 그러나 실제로는 회사가 청산되는 경우는 드물기 때문에 자산가치라 하면 주로 현금, 투자유가증권 등의 유동자산, 토지와 건물 같은 부동산 따위를 의미한다.

　그런데 자산가치 분석에서 빠뜨릴 수 없는 것이 현금화 가능 여부, 다시 말하면 배당으로 대표되는 주주자본으로서의 역할이 가능한지 여부의 판단이다. 이는 보통 M&A에서 많이 활용되는데, 회사를 인수한 후 유휴자산을 매각해 인수대금 중 일부를 빠른 시일 내에 회수하기 위함이다. 그 중에서 투자유가증권은 '계열회사 등의 현황'에 기록된 상장 여부로 시장성(환금성)을 확인할 수 있다. '계열회사 등의 현황'에는 소속 기업집단과 그 기업집단 내 계통도, 그리고 관계회사를 포함한 모든 출자 내역이 상세히 나와 있어 자산가치 분석에 도움을 주는 '타법인 출자 현황' 등의 항목이 기재되어 있다. 그러나 상장주식이라고 해서 모두 시가로 계산해서는 안 된다.

현대모비스의 사례를 통해 이를 확인해 보자.

〈그림 10-1〉

5. 매도가능증권
당분기말 및 전기말 현재 매도가능증권의 내역은 다음과 같습니다.

(단위: 백만원)

회사명	보유주식수 (주/좌)	지분율 (%)	당분기		전기	
			취득가액	장부가액	취득가액	장부가액
<시장성있는 지분증권>						
현대산업개발㈜	437,500	0.58%	8,775	14,569	8,775	16,516
HMC투자증권㈜	4,623,587	15.76%	114,045	94,784	114,045	100,332
현대상선㈜	61,642	0.04%	1,402	1,883	1,402	1,646
쌍용자동차㈜	60,127	0.17%	451	725	-	-
Enova Systems, Inc.	80,000	0.39%	90	141	90	172
소 계			124,763	112,102	124,312	118,666

(2) 시장성 있는 지분법적용투자주식의 보고기간종료일 현재의 시장가격은 다음과 같습니다.

(단위: 백만원)

회사명	당분기말		전기말	
	시 가	장부금액	시 가	장부금액
현대자동차㈜	5,287,824	3,934,353	5,539,625	3,880,191

출처: 현대모비스 2010년 1분기 검토보고서

현대모비스 소유의 시장성 있는 유가증권은 위와 같다. 시가로 따지면 5조 원을 상회하며 시가총액의 약 30%에 달한다. 그러나 현대모비스가 가진 HMC투자증권, 현대자동차 주식은 정몽구 회장과 정의선 부회장 대신 실질 지배력을 행사하는 역할로 매각할 가능성이 극히 낮다. K-IFRS에서 지분법적용투자주식을 장부가로 계상하는 이유도 여기에 있다. 그렇다고 현대모비스가 가진 HMC투자증권과 현대자동차 주식의 가치가 아예 없다고도 할 수 없다. 배당금만큼은 현대모비스의 주주에게 돌려줄 수 있는 '진짜' 이익잉여금이므로 배당할인모형을 이용해(배당금/기대수익률) 지분가치를 산정한다.

 〈표 10-1〉 현대모비스 소유 시장성증권　　　　　　(단위 : 원, 주)

구분	소유 주식수	시장가	BPS	주당 배당금	지분가치 (억 원)	
					본질가치	시장가
현대산업개발	437,500	33,371	30,400	N/A	133	146
HMC투자증권	4,623,587	20,504	N/A	100	31	948
현대상선	61,642	30,823	12,978	N/A	8	19
쌍용자동차	60,127	11,642	8,316	N/A	5	7
에노바 시스템즈 (미국)	80,000	1,250	1,250	N/A	1	1
현대자동차	45,782,000	115,500	N/A	1,000	3,052	52,878
계					3,230	53,999

출처 : 전자공시시스템, Enova systems, 더퍼블릭인베스트먼트

 PBR 1.0배, 기대수익률 15% 가정
N/A는 없다는 것이 아니라 본질가치 계산에 사용하지 않는다는 의미임.

여기에서 '그렇다면 지주회사는 어차피 자회사 주식을 팔지 않을 것이니 시가를 무시하고 배당 가치만 반영해야 하는 것이냐?'는

의문이 들 수도 있다. 이론적으로는 그렇다. 단, 모든 자회사의 미래 배당금을 정확히 예측할 수 있는 경우에 한하면 그렇다. 현실적으로 지주회사는 회사를 소유하는 것 자체에 목적이 있으므로 우리들 투자자와 입장이 같다.

지주회사는 가치투자자들의 입에 자주 오르내리는 단골손님이기도 한데, 아마 자회사 시가총액의 합이 지주회사의 시가총액보다 높다는 등의 투자 아이디어 때문일 것이다. 여기에는 아주 큰 논리적 오류가 있는데 미스터 마켓Mr. Market이 자회사들의 가치는 적정하게 제시하면서 지주회사의 가치는 낮게 제시한다는, 굳이 표현하자면 '선택형 효율적시장 가설'이 되겠다. 이 세상에 공짜는 없다. 이렇듯 간단하게 저평가 종목을 찾아낼 수 있을 리 만무하다. 역설적으로 지주회사에 대한 투자는 모든 자회사의 기업가치를 계산해야 하므로 일반적인 기업에 투자하는 것보다 몇 배의 노력이 필요하다.

우리나라는 지배구조 개편을 위해 정책적으로 지주회사제도를 급히 도입하면서 지주회사와 자회사가 모두 상장을 유지하는 경우가 많지만, 실제로 미국이나 유럽의 선진국에는 지주회사만 상장이 되어 있는 경우가 많아 자회사를 사업부 개념으로 보고 각각의 영업가치를 산정해서 투자하는 것이 일반적이다.

다음은 KCC의 사례인데 현대모비스 사례와 반대로 관계회사 지분으로 보이지만, 매도가능 증권으로 분류할 수 있는 예이다.

미스터 마켓 | 조울증에 걸린 주식 매매 중개인으로, 기분이 좋을 때는 비싼 가격을, 나쁠 때는 싼 가격을 제시한다. 워렌 버핏이 창안한 개념으로, 비효율적인 주식시장을 의인화했다.

<그림 10-2>

나. 타법인출자 현황

보고서 작성기준일 현재 당사는 투자목적 및 사업영위의 목적 등으로 아래와 같이 주식 및 지분을 취득, 출자하고 있습니다. <u>취득한 주식 또는 지분 중 지분율 20%이상이거나 중대한 영향력을 행사하는 대상은 지분법적용 투자주식으로, 그 외의 주식 및 지분은 매도가능증권으로 분류하고 있습니다.</u> 현재 당사의 타법인 출자 현황은 다음과 같습니다.

[2010. 03. 31] (단위 : 천주, 천원, %)

법인명	출자목적	기초잔액			증가(감소)		평가손익	기말잔액			최근사업연도 재무현황	
		수량	지분율	장부가액	취득(처분)			수량	지분율	장부가액	총자산	당기순손익
					수량	금액						
㈜케이씨씨 건설 (상장)	경영참여	2,090	36.0	112,456,036			3,319,455	2,090	36.0	115,775,491	850,709,462	56,134,793
현대중공업㈜ (상장)	단순투자	6,190	8.2	1,074,036,135			393,091,035	6,190	8.2	1,467,127,170	24,872,583,501	2,146,488,795
현대상선㈜ 보통주 (상장)	경영참여	6,529	5.0	174,315,115			25,135,326	6,529	5.0	199,450,441	8,340,913,279	-801,817,068
현대상선㈜ 우선주 (비상장)	경영참여	1,179		17,690,775				1,179		17,690,775		
현대자동차㈜ (상장)	단순투자	2,230	1.0	269,830,000			-12,265,000	2,230	1.0	257,565,000	35,446,135,000	2,961,509,000
현대모비스㈜ (상장)	단순투자	769	0.9	131,453,514			-16,143,414	769	0.9	115,310,100	11,189,659,000	1,615,220,000
현대산업㈜ (상장)	단순투자	1,885	2.5	71,143,650			-8,857,620	1,885	2.5	62,286,030	5,141,496,507	49,187,488
현대종합상사(주) (상장)	경영참여	2,680	12.0	56,539,053			8,976,580	2,680	12.0	65,515,633	808,779,050	-52,562,061
㈜코엔텍 (상장)	단순투자	1,000	2.0	1,135,000			510,000	1,000	2.0	1,645,000	65,191,188	232,708

출처 : KCC 2010년 1분기보고서

범현대가의 일원으로서 KCC가 보유한 관계회사 주식을 처분하는 일은 없을 것으로 보인다. 그런데 과연 그럴까? 다음 보고서 내용을 살펴보면 좀 다른 해석이 가능해진다.

<그림 10-3>

(2) 당분기말 현재 교환대상이 되는 주식의 교환가격 및 교환주식수는 다음과 같습니다.

회　차	56회(주2)			57회	58회
구　분	자기주식	현대중공업㈜	현대상선㈜	현대모비스㈜	현대중공업㈜
액면가액(USD)	USD 205,800,000	USD 236,900,000	USD 374,200,000	USD 58,300,000	USD 250,000,000
환율(KRW/USD)	915.50	915.50	915.50	1,349.1	1,274.6
1주당 교환가격	707,361원	665,890원	52,473원	101,280원	243,390원
교환주식수	266,357주	325,703주	6,528,656주	767,811주	1,387,075주
만기보장수익율(연)(주1)	1.45%	2.60%	1.90%	3.00%	3.50%

(주1) 만기보장수익율은 6개월 복리로 계산됩니다.

(주2) 당사는 상기 56회 무보증해외교환사채와 관련하여 예상되는 미래현금흐름변동위험을 회피할 목적으로 발행일로부터 3년이 경과하는 시점에 약정환율로 미달러화를 원화로 교환하는 통화스왑계약을 체결하고 있습니다.

(3) 당사는 상기 교환사채와 관련하여 당분기말 현재 교환권가치에 해당하는 금액으로 94,435백만원의 파생상품부채를 계상하고 있으며, 매 결산기에 공정가액으로 평가하여 관련손익을 당기손익으로 계상하고 있습니다. 이와 관련하여 당분기에 파생상품평가이익 20,716백만원과 파생상품평가손실 35,236백만원을 당기손익으로 계상하였습니다.

출처 : KCC 2010년 1분기 검토보고서

KCC는 2007년과 2009년 세 차례에 걸쳐 교환사채를 발행하였다. 교환사채는 원금 대신 채무자가 보유한 다른 유가증권으로 상환할 수 있는 부채이다. 회차별로 조건에 따라 차이는 있지만 자사주뿐만 아니라 현대중공업, 현대상선, 현대모비스 주식으로 빚을 갚을 수 있는 것이다. 한때 계열사 우호지분으로 취득했던 자산 1조 원을 유동화할 수 있는 기회이자 묘안이다. 사운을 걸고 태양광용 폴리실리콘 사업에 뛰어든 KCC로서는 달콤하지 않을 수 없다 ('뒷이야기' 참고). 이런 내용은 출자 목적이 단순 투자로 명시되어

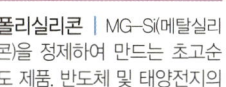

폴리실리콘 | MG-Si(메탈실리콘)을 정제하여 만드는 초고순도 제품. 반도체 및 태양전지의 핵심 원재료.

있다 하더라도 주석 사항을 확인하지 않은 투자자에게는 '범(汎) 현대가로서 설마 처분하겠냐?'고 잘못 생각해 자산가치를 과소 평가할 위험이 있다.

★ 꼭 기억하자 ★

- 현금화 또는 경영에 참여할 수 없는 지분증권은 이자, 배당금 그 이상도 이하도 아니다.

♣ 뒷이야기

- 2008년 KCC는 현대중공업과 함께 조인트벤처 KAM을 설립하여 태양광용 폴리실리콘 사업에 뛰어들었고, 기술 도입을 위해 사우디아라비아의 폴리실리콘테크놀로지도 인수하였다. 여기에 3,200억 원이 소요될 예정이고, 이를 위해 현대중공업(교환사채)과 만도(IPO) 지분 4,100억 원어치를 처분하였다.

11장 끝나도 끝난 게 아니다, 지분법 적용 중지 자회사

사업보고서 이 곳을 보자

VI. 이사회 등 회사의 기관 및 계열회사에 관한 사항
– 4. 계열회사 등의 현황

이 공시도 눈여겨 보자

감사보고서

타법인 출자 현황에는 출자 목적, 기초와 기말의 지분율, 피출자 법인의 최근 재무현황 등이 기록된다. 그 중 기말 지분율이 20% 이상이거나 이사회 의결권이나 이사의 선임 권한 등 그에 준하는 지배력을 가지고 있을 때 지분법 적용 자회사라고 칭한다. 지분법 적용 자회사가 순이익을 기록하면 모회사에는 순이익에 지분율을 곱한 만큼 지분법 이익이, 순손실을 기록하면 마찬가지로 지분율을 곱한 만큼 지분법 손실이 발생한다.

완전 자본 잠식 | 회사에 적자가 지속되어 잉여금과 납입자본금이 모두 사라지고 자본총계가 음수에 이르는 상황. 자본 전액 잠식이라고도 한다.

종종 '지분법 적용 투자주식의 장부금액이 0 이하가 될 경우에는 지분법 적용을 중지'한다는 문구를 발견할 수 있다.

주식회사는 유한책임회사이기 때문에 자본 투자에 대한 손실이 납입자본으로 한정된다. 투자한 회사가 부도나고 상장폐지되면 가진 주식의 가치는 휴지조각이 되지만 채권자에게 부채를 갚는다든지 하는 그 이상의 의무는 없다는 뜻이다. 법인(法人)도 다르지 않다. 출자한 다른 주식회사가 완전 자본 잠식이 되는 시점에서 출자한 금액이 사라지고 더 이상의 평가 손실은 인식할 필요가 없다. 적어도 회계적으로는 맞는 말이다.

코스맥스의 사례를 살펴보자. 코스맥스의 이경수 회장은 대형 제약회사 임원 출신으로 현재는 화장품 회사를 운영하고 있지만 동시에 몸담았던 제약회사에 대한 꿈도 잊지 않았다. 그래서 인수한 것이 건강기능식품 회사인 일진제약이다.

그러나 건강기능식품 시장은 진입장벽이 너무 낮아 적자를 면치 못했다. 그리고 모회사 코스맥스에게 지분법 손실을 안겼다. 그러다 결국 지분법 적용을 중지하기에 이른다.

〈그림 11-1〉

6. 지분법적용투자주식

(1) 지분법피투자회사에 대한 소유지분율 현황은 다음과 같습니다.

(단위 : 주, 원)

회사명	구분	보유수량	지분율(%)	취득원가	장부금액(순자산가액)	평가차액
쓰리애플즈 코스메틱스(주)	당기말	76,500	51	1,310,388,900	808,165,170	(502,223,730)
	전기말	76,500	51	1,310,388,900	887,576,324	(422,812,576)
일진제약(주)	당기말	160,000	40	300,000,000	-	(300,000,000)
	전기말	160,000	40	300,000,000	-	(300,000,000)
코스맥스 상해	당기말	-	100	7,447,864,439	10,913,334,999	3,465,470,560
	전기말	-	100	4,344,664,439	6,913,457,794	2,568,793,355
쓰리에이지(주)	당기말	20,000	50	100,000,000	424,084,290	324,084,290
	전기말	20,000	50	100,000,000	189,460,383	89,460,383
쓰리에이팜(주)	당기말	21,000	21	555,800,000	633,098,309	77,298,309
	전기말	21,000	21	555,800,000	566,777,891	10,977,891
쓰리에이티에스엠(주)	당기말	24,000	60	120,000,000	217,308,573	97,308,573

쓰리에이티에스엠(주)는 2009년 1월 12일 신규취득으로하여 당기초로 간주취득을 적용하여 지분법평가를 적용하였습니다.

(3) 종목별 지분법 평가내용은 다음과 같습니다.

(단위 : 원)

회사명	당기				
	기초평가액	지분법손실	지분법이익	기타증감	기말평가액
쓰리애플즈 코스메틱스(주)	887,576,324	(85,280,153)	13,158,088	(7,289,089)	808,165,170
일진제약(주)	-	-	-	-	-
코스맥스 상해	6,913,457,794	-	1,712,905,546	2,286,971,659	10,913,334,999
쓰리에이지(주)	189,460,383	-	260,623,907	(26,000,000)	424,084,290
쓰리에이팜(주)	566,777,891	(45,050,595)	128,171,013	(16,800,000)	633,098,309
쓰리에이티에스엠(주)	-	-	97,308,573	120,000,000	217,308,573

(5) 지분법피투자회사의 요약재무정보는 다음과 같습니다.

(단위 : 원)

회사명	당기		전기		지분법적용회계기간
일진제약(주)	자산총액	17,990,941,276	자산총액	14,266,825,583	2007.1.1 ~ 2009.12.31
	부채총액	25,923,809,906	부채총액	22,178,760,927	
	매출액	25,046,408,362	매출액	19,689,424,215	
	당기순이익	(1,819,762,536)	당기순이익	(2,121,628,569)	

(6) 종속회사에 대한 투자계정의 잔액이 "0"이 되어 지분법 적용을 중지하였으나, 종속회사에 대한 장기대여금은 실질적으로 지분법피투자회사에 대한 투자의 연장으로 보아 지분법피투자회사의 손실을 추가 반영하였습니다. 이로 인해 당기에 반영된 지분법 손실은 3,893백만원입니다.

출처 : 코스맥스 2009년 감사보고서

〈표 11-1〉 코스맥스의 일진제약 관련 지분법 손실   (단위 : 억 원)

구분	2007	2008	2009
지분법 손실	-3	0	0
당기 순손실	-76	-21	-18
지분율	40%	40%	40%
실질 지분법 손실	-30	-8	-7

출처 : 전자공시시스템, 더퍼블릭인베스트먼트

　그러나 단순 투자 목적의 타법인 출자와 경영 참여 목적의 자회사는 성격이 전혀 다르다는 점을 기억해야 한다. 일반 투자자가 기업의 주인이 되는 마음으로 주식을 산다고 한들 실질적으로 이사회와 주주총회를 좌지우지하는 것은 최대주주와 일부 특수관계인이다.

　그들은 자회사를 진짜 자식처럼 여기고 때로는 자신의 성공에 취해 기업 본연의 경쟁력과 무관한 일을 하며 때로는 다른 주주들을 무시하고 개인회사처럼 운영할 때도 있다. 지분법 적용 여부와 무관하게 높은 확률로 자회사의 손실을 메워주기 위해 손을 쓰게 된다. 회계적으로는 2008년 이후 일진제약 관련 지분법손실이 사라진 것처럼 보이지만, 만약 추가적으로 코스맥스 주주의 돈이 일진제약으로 흘러간다고 가정하면, 실질적으로는 2008년과 2009년에도 각각 -8억 원, -7억 원의 손실을 보고 있는 것이다. 아들에게 사업자금을 빌려줬는데 운 나쁘게도 실패하고 빚쟁이들에게 시달린다면 아버지 된 도리로 모른 체할 수 있겠는가? 같은 논리이다. 일진제약도 2008~2009년에는 손실이 축소되며 일견 턴어라운드하는 모습이지만, 어쨌든 코스맥스 입장에서 취득원가 3억 원을 손해

본 셈이다. 그리고 일진제약에 추가로 빌려준 장기 대여금 39억 원도 회수 가능성이 의문스럽다. 우발채무에 관해서는 뒤에 더 자세히 다루기로 한다.

우발채무 | 재무상태표에 기록되지 않았으나 장래에 우발적인 상황이 발생할 경우 확정채무가 되는 불확정 채무.

★ 꼭 기억하자 ★

- 기업가들의 사업 확장에 대한 의지는 재무제표에는 드러나 있지 않다.

12장 펀드매니저도 잘못 사고 잘못 판다

● ─ 사업보고서 이 곳을 보자

　　Ⅶ. 주주에 관한 사항

● ─ 이 공시도 눈여겨 보자

　　주식 등의 대량 보유 상황 신고서

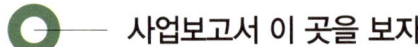

　'주주에 관한 사항'에는 최대주주가 누구이며 어떻게 바뀌어 왔는지가 나와 있다. 최대주주 외 5% 이상 지분을 가진 주주에 대해서도 나와 있다. 이외에 주식사무 및 주가, 거래량 등에 대한 일반적인 사항도 기재되어 있다.

　최대주주와 같은 배를 타는 일은 아무리 강조해도 지나치지 않다. 그러기 위해서는 임원과 최대주주, 최대주주와 특수관계인의 관계를 면밀히 따져 봐야 하며, 최대주주의 변경이 있을 때는 그 배경을 확인하는 것이 좋다. 그런데 개인투자자들이 더 관심 있게 지켜 보는 것은 기관투자자의 행보이다. 그 중에서 가장 공신력이 있고 확신을 가질 수 있는 것이 '5% 룰'이다.

5% 룰이란 '주식 등의 대량 보유 상황 보고 제도'의 다른 말로서 본인과 특수관계인이 보유한 주권 및 주권에 상응하는 유가증권이 총주식 수의 5% 이상일 경우 '주주에 관한 사항'과 '주식 등의 대량 보유 상황 보고서'에 보유 수량을 공개하고 1% 이상 변동할 경우 5일 이내에 매매내역을 공시해야 하는 규정이다.

마찬가지로 10%가 넘을 경우에는 주요 주주라 하여 단 1주의 변동만 있더라도 신고해야 한다. 유명하거나 성과가 좋은 기관투자자가 5%나 10% 이상의 지분을 가지고 있다면 그 회사의 주식을 가진 개인투자자들은 왠지 모를 안도감을 느낀다.

동양고속의 사례를 보자.

〈그림 12-1〉

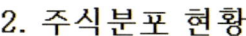

2. 주식분포 현황
공시서류작성 기준일(2010.3.31) 현재 최대주주 및 특수관계인을 제외하고
5%이상 지분을 보유하고 있는 주주는
신영자산운용(주) : (289,662주 , 10.92%),
한국투자밸류자산운용 : (319,930주, 12.06%),
우리사주조합에서 보유(조합 및 조합원 계정)하고 있는 주식은 없습니다.

출처 : 동양고속 2010년 1분기보고서

2010년 1분기보고서에 따르면 동양고속의 경우 가치투자로 유명한 신영자산운용과 한국투자밸류자산운용이 10% 이상씩 보유하고 있다. 하지만 중요하게 보아야 할 것은 지분율이 아니다.

〈표 12-1〉 동양고속 보유 현황과 운용사별 편입 비중

구분	소유 주식	발행주식	지분율	지분가치 (억 원)	수탁고 (억 원)	편입 비중
신영자산운용	289,662	2,652,000	10.9%	79	47,984	0.2%
한국투자밸류자산운용	319,930	2,652,000	12.1%	88	14,386	0.6%

출처 : 전자공시시스템, 더퍼블릭인베스트먼트

편입 비중으로 미루어 보면 사실 동양고속은 두 회사에게 큰 의미가 없는 종목이다. 1,000만 원을 가진 투자자에게 2만 원, 6만 원 정도 보유한 종목이 큰 의미를 가지지 못하는 것과 같은 이치이다. 물론 이들은 운용 규모에 비해 시가총액이 워낙 작은 종목들도 적극적으로 사는 자산운용사로 유명해 편입 비중으로 종목의 매력도를 단언할 수는 없다. 그러나 펀드에 정확히 1%씩의 비중으로 100개 종목을 담고 있다고 가정해도 다른 종목에 비해 작은 비중이고 펀드 내에서 차지하는 중요도가 떨어지는 것이 사실이다.

〈그림 12-2〉

2. 세부변동내역

성명 (명칭)	생년월일 또는 사업자등록번호 등	변동일	취득/처분 방법	주식등의 종류	변동 내역			취득/처분 단가	비고
					변동전	증감	변동후		
한국투자밸류자산운용	107-86-74734	2010년 06월 04일	장내매도(-)	보통주	268,220	-340	267,880	23,450	-
한국투자밸류자산운용	107-86-74734	2010년 06월 07일	장내매도(-)	보통주	267,880	-4,660	263,220	22,700	-
한국투자밸류자산운용	107-86-74734	2010년 06월 08일	장내매도(-)	보통주	263,220	-3,000	260,220	22,671	-
한국투자밸류자산운용	107-86-74734	2010년 06월 09일	장내매도(-)	보통주	260,220	-1,090	259,130	22,558	-
한국투자밸류자산운용	107-86-74734	2010년 06월 15일	장내매도(-)	보통주	259,130	-2,000	257,130	22,576	-
한국투자밸류자산운용	107-86-74734	2010년 06월 16일	장내매도(-)	보통주	257,130	-10,130	247,000	22,355	-
한국투자밸류자산운용	107-86-74734	2010년 06월 17일	장내매도(-)	보통주	247,000	-3,000	244,000	22,192	-
한국투자밸류자산운용	107-86-74734	2010년 06월 18일	장내매도(-)	보통주	244,000	-10,000	234,000	22,033	-
한국투자밸류자산운용	107-86-74734	2010년 06월 21일	장내매도(-)	보통주	234,000	-3,000	231,000	22,004	-
한국투자밸류자산운용	107-86-74734	2010년 06월 22일	장내매도(-)	보통주	231,000	-3,000	228,000	21,575	-
한국투자밸류자산운용	107-86-74734	2010년 06월 23일	장내매도(-)	보통주	228,000	-5,000	223,000	21,531	-
한국투자밸류자산운용	107-86-74734	2010년 06월 24일	장내매도(-)	보통주	223,000	-5,000	218,000	21,593	-
한국투자밸류자산운용	107-86-74734	2010년 06월 25일	장내매도(-)	보통주	218,000	-9,000	209,000	21,821	-
한국투자밸류자산운용	107-86-74734	2010년 06월 28일	장내매도(-)	보통주	209,000	-10,000	199,000	21,624	-
한국투자밸류자산운용	107-86-74734	2010년 06월 29일	장내매도(-)	보통주	199,000	-8,000	191,000	21,773	-
한국투자밸류자산운용	107-86-74734	2010년 06월 30일	장내매도(-)	보통주	191,000	-8,000	183,000	21,122	-

* 자본시장과 금융투자업에 관한 법률 시행령 제154조제4항의 규정에 따라 국가, 지방자치단체, 한국은행, 보고특례 적용 전문투자자(증권의 발행 및 공시에 관한 규정 제3-14조)의 경우에는 「변동일」란은 보고의무발생일을 의미하고 「취득/처분방법」, 「취득/처분단가」란은 그 기재를 생략할 수 있음

출처 : 동양고속 주식 등의 대량 보유 상황 보고서 (2010.07.01)

유의해야 할 점은 기관투자자가 해당 종목을 매도 중일 수도 있다는 점이다. 2010년 반기보고서에는 한국투자밸류자산운용의 지분율이 5.2%p 감소한 6.9%로 기록될 예정이다. 만일 한국투자밸류자산운용의 지분율을 보고 의사결정을 내린 투자자가 있다면 결과적으로는 자신이 추종하고자 하는 펀드와 정반대로 매매하고 있었던 것이다. 반면 신영자산운용은 같은 기간 단 760주, 시가로 2,000만 원 축소한 것에 불과하다. 당시 풍문에 따르면 한국투자밸류자산운용과 신영자산운용은 동양고속이 자금난을 겪을 우려가 있는 관계회사 동양건설에 유상증자 등으로 자금을 지원할 가능성을 각

기 다르게 보고 있다고 한다. 동양건설의 자금난과 동양고속의 지원 가능성은 16장에서 더 자세히 다루겠다. 기관투자자의 철학에 기대고 싶을 때는 적어도 '주식 등의 대량 보유 상황 보고서-세부 변동 내역'까지는 확인해야 한다.

 같은 자산운용사 내에서도 각기 다른 성향을 가진 여러 개의 상품과 펀드매니저가 존재한다. 그리고 투자 의사결정이 개인투자자처럼 개별 종목의 매력도로만 좌우되는 것이 아니라, 기간별 운용 전략, 포트폴리오 내 상대 비교, 고객과의 이해 상충 등 갖가지 변수의 영향을 받는다. 대표적인 예가 환매나 손절매 규정에 따른 일괄적 매도이다. 펀드의 환매가 밀려들면 주식 비중을 축소해 현금을 마련해야 하는데 이때는 펀드매니저가 좋아하는 회사일지라도 매도해야 하는 경우가 생긴다. 이때 따라 판다면 이것 또한 기관투자자의 생각과 다르게 비추어지는 것이다. 따라서 기관투자자의 보유 현황이나 매매 내역은 사업모델에 대한 일정 기준을 통과했다는 정도의 참고로만 삼고, 스스로 종목 분석을 하고 확신을 가진 다음에야 투자를 하기를 당부한다.

★ 꼭 기억하자 ★

- 투자는 항상 스스로의 판단 하에 집행하라. 개인이 처한 상황과 투자성향이 다르듯 기관투자자들도 각종 변수에 노출되어 있음을 고려하라.

- 5% 룰은 특정 시점의 상황만을 담아낸 스냅샷Snapshot에 불과하다. 그보다는 향후 행보가 훨씬 더 중요하다.

13장 회장님의 '관심종목', 상속과 증여

사업보고서 이 곳을 보자

VIII. 임원 및 직원 등에 관한 사항 – 1. 임원 및 직원의 현황
VII. 주주에 관한 사항

'임원 및 직원의 현황'에는 임원의 현황, 직원의 현황, 임원의 보수 등이 기재되어 있다. 직원의 현황에서는 평균 근속연수와 평균 급여액을 살펴 회사에 대한 만족도를 간접적으로 체크할 수 있다. 직원이 너무 많거나 빠르게 늘어도 비용에 문제가 생기지만 핵심 인력이 이탈하는 것은 잠재적으로 더 큰 비용이다. 개인투자자들도 임원의 현황은 챙겨 본다. 하지만 성공 가도를 달려온 사람들에 대한 호기심으로 한 번 훑어보는 것에 그칠 뿐, 기업 분석에 활용하지 않는 것은 아쉬운 대목이다. KT&G를 살펴보자.

⟨그림 13-1⟩

1. 임원 및 직원의 현황
가. 임원의 현황
(1) 등기임원

직 명 (상근여부)	성 명	생년월일	약 력	담당업무	소유주식수		선임일 (임기만료일)
					보통주	우선주	
사장 (상임이사)	곽영균	51.1.10	서울대 무역학과 <u>(주)케이티앤지 경영관리본부장</u> (주)케이티앤지 마케팅본부장	대표이사 사장	115,168	-	'07.3.14 사장재선임 (2010년 정기주총일)

1. 임원 및 직원의 현황
가. 임원의 현황
(1) 등기임원

직 명 (상근여부)	성 명	생년월일	약 력	담당업무	소유주식수		선임일 (임기만료일)
					보통주	우선주	
사장 (상임이사)	민영진	58.8.27	건국대학교 대학원 농학과 <u>(주)케이티앤지 마케팅본부장</u> (주)케이티앤지 해외사업본부장 (주)케이티앤지 생산 R&D부문장	대표이사 사장	49,955	-	'10.2.26 사장신규선임 (2013년 정기주총일)

출처 : KT&G 2009년 3분기보고서 (위), 2010년 1분기보고서 (아래)

임원의 현황을 제대로 보려면 약력을 봐야 한다. 임원들의 성향은 그들이 걸어온 이력에서 짐작할 수 있는데 보통은 최초 임원으로 승진한 부서가 그의 주된 바탕을 이룬다. 2010년 2월에 신규 선임된 KT&G의 민영진 사장은 마케팅본부장 출신이다. 다비도프 도입과 정관장 중국 현지 유통 등 적극적인 성장 드라이브가 그의 손에서 이루어지고 있다. 이에 비해 경영관리본부장 출신인 전임 곽영균 사장은 여유 자금으로 배당과 자사주매입 등 적극적인 주주정책을 시행했었다. 회사를 철저하게 파고들면 단서 하나라도 놓치지 않는 법이다. 이제 진로발효를 살펴보자.

〈그림 13-2〉

1. 임원 및 직원의 현황
당사의 임원은 총 6명으로 등기임원은 5명, 비등기 임원은 1명입니다.
① 등기임원

직 명 (상근여부)	성 명	생년월일	약 력	담당업무	소유주식수 (보통주)	선임일 (만료일)
대표이사 (상근)	김종식	38.11.26	(주)진로	회사전반	236,931	2008.12.30 (2011.12.30)
회장 (상근)	장봉용	48.02.11	(주)진로	회사전반	8,436,610	2009.3.26 (2012.3.26)
상무 (상근)	장진혁	76.09.18	(주)진로발효	회사전반	-	2008.12.30 (2011.12.30)
사외이사 (비상근)	성희웅	44.11.26	대구지방국세청장	-	-	2008.12.30 (2011.12.30)
감사 (상근)	김동욱	47.12.10	중소기업은행	감사업무	-	2009.3.26 (2012.3.26)

출처 : 진로발효 2010년 1분기보고서

등기임원 | 이사회 참여 권한이 있는 임원. 등기이사라고도 한다.

　　최대주주나 최대주주의 후계자가 임원으로 재직 중이라면 커리어 분석이 의미가 없다. 진로발효의 등기임원 중 장진혁 상무는 다른 임원들보다 30살 가까이 어리다. 주식을 소유하고 있지는 않지만 성까지 흔치 않은 '장(張)' 씨인 것에 심증을 가지고 회사에 확인해 보니 역시 장봉용 회장의 외아들이다. 이런 경우에는 커리어보다 그들이 어떤 속내를 가졌는지 들여다 볼 줄 알아야 한다.

　　이를 위해 우선 '주주에 관한 사항'을 살펴보자.

〈그림 13-3〉

VII. 주주에 관한 사항

가. 최대주주 및 그 특수관계인의 주식소유 현황
[2010.03.31.현재]   (단위 : 주, %)

성 명	관 계	주식의 종류	소유주식수 및 지분율						변동 원인
			기 초		증 가	감 소	기 말		
			주식수	지분율	주식수	주식수	주식수	지분율	
장봉용	본인	보통주	8,436,610	63.91	-	-	8,436,610	63.91	-
김종식	임원	보통주	236,931	1.79	-	-	236,931	1.79	-
계		보통주	8,673,541	65.70	-	-	8,673,541	65.70	-
		우선주	-	-	-	-	-	-	-
		합 계	8,673,541	65.70	-	-	8,673,541	65.70	-

최대주주명 : 장 봉 용   특수관계인의 수 :   1 명

출처 : 진로발효 2010년 1분기보고서

'최대주주 및 그 특수관계인의 주식 소유 현황'에도 역시 장진혁 상무의 이름은 없다. 장봉용 회장이 63세로 비교적 고령임을 감안할 때 상속이나 증여가 다가오는 시점이다. 일반적으로 상속이나 증여를 앞둔 때는 절세 효과를 위해 비용을 많이 집행해 실적을 낮추거나 좋은 계약 건이 있어도 쉬쉬하는 등 주가가 오르는 것을 달가워하지 않는다. 주가가 오르면 내야 할 세금이 증가하는 탓이다. 실제로 장봉용 회장의 지분 전량의 상속·증여를 가정할 경우 (과거 3년간) 시점과 주가의 변동에 따라 326억 원의 세금 차이가 발생한다. 진로발효 주가의 변동폭이 작은 것에는 이러한 이유가 숨겨져 있을지도 모른다.(물론 이것은 추정이다.)

⟨표 13-1⟩ 진로발효 최대주주 상속·증여세 추정 (단위: 억 원)

상속·증여 주식 수	평가액		상속·증여세	
	시가총액 (최고)	시가총액 (최저)	시가총액 (최고)	시가총액 (최저)
8,436,610	1,451	823	700	374

출처: 더퍼블릭인베스트먼트

시가총액은 과거 3년 시세, 과세가액 중소기업 최대주주 할증 15% 기준
일괄공제 5억 원, 기업상속공제 100억 원, 신고세액공제 과세표준의 10% 반영

현물 납세 | 세금을 화폐가 아닌 물건으로 대신 납부하는 것. 주식을 상속·증여받았을 경우 유동화를 위해 직접 매도하면 시장에 충격을 줄 수 있어 현물 납세를 하는 경우도 빈번하다.

상속·증여세를 줄였음에도 불구하고 실질적인 납세 능력이 없다면 어떨까? 만일 장진혁 상무가 납세 능력이 없어 현물 납세를 하게 되면 지분율이 30% 정도로 축소된다. 경영권을 보장하기 어려운 수준이다.

여기서 진로발효의 다음 공시를 보자.

⟨그림 13-4⟩

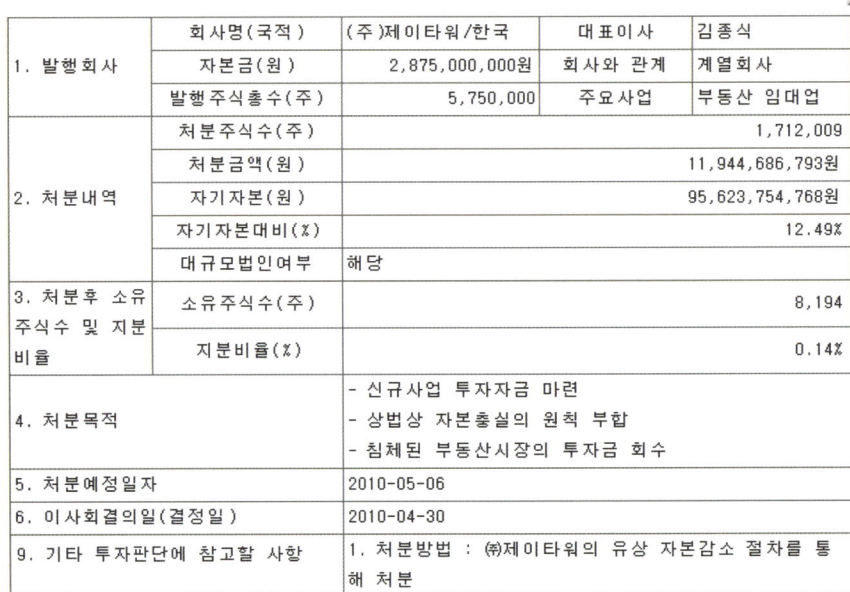

1. 발행회사	회사명(국적)	(주)제이타워/한국	대표이사	김종식
	자본금(원)	2,875,000,000원	회사와 관계	계열회사
	발행주식총수(주)	5,750,000	주요사업	부동산 임대업
2. 처분내역	처분주식수(주)			1,712,009
	처분금액(원)			11,944,686,793원
	자기자본(원)			95,623,754,768원
	자기자본대비(%)			12.49%
	대규모법인여부	해당		
3. 처분후 소유 주식수 및 지분비율	소유주식수(주)			8,194
	지분비율(%)			0.14%
4. 처분목적	- 신규사업 투자자금 마련 - 상법상 자본충실의 원칙 부합 - 침체된 부동산시장의 투자금 회수			
5. 처분예정일자	2010-05-06			
6. 이사회결의일(결정일)	2010-04-30			
9. 기타 투자판단에 참고할 사항	1. 처분방법 : ㈜제이타워의 유상 자본감소 절차를 통해 처분			

출처: 진로발효 타 법인 주식 및 출자 증권 처분 결정 (2010.05.04)

진로발효의 자회사 제이타워는 유상감자를 발표한다. 제이타워는 강남구 신사동의 빌딩을 법인 형태로 만들어 놓은 것인데, 차입금을 끌어들여 진로발효의 지분만을 유상감자의 형태로 소각한 후 장봉용 회장의 개인회사로 만드는 것이다.

유상감자 | 기업의 자본금을 축소하는 것이 감자이다. 이 중 자본이 감소한 만큼 주주에게 현금으로 지급하는 것을 유상감자라 한다. 축소되는 계정이 다를 뿐 실질적으로는 이익배당과 같은 효과를 준다. 반대로 회계상으로만 자본금을 축소하여 자본결손을 보전하고 주주들은 보상 없이 주식을 잃게 되는 것이 무상감자이다.

분석해어요/ 〈표 13-2〉 제이타워 최대주주 상속·증여세 추정   (단위 : 억 원)

구분	감자 전	감자 후
수익가치	432	432
자산가치	372	192
지분율	69.57%	100%
상속·증여세	160	123
수익가치 대비	37.0%	28.4%

출처 : 전자공시시스템, 더퍼블릭인베스트먼트

과세가액 중소기업 최대주주 할증 15% 기준
일괄공제 5억 원, 기업상속공제 100억 원, 신고세액공제 과세표준의 10% 반영

비상장 법인은 시장가격이 존재하지 않기 때문에 장부가치와 수익가치 등의 본질가치로 가치평가를 한다. 차입금을 사용해 유상감자를 했기 때문에 제이타워의 자산가치는 축소된다. 이렇게 해서 제이타워를 장진혁 상무에게 상속하면 상속세가 37억 원이나 줄어든다. 그 전에 오너 일가에게 자산을 싸게 넘겼다는 문젯거리를 사전에 차단하기 위해 상장법인인 진로발효의 지분을 없앤 것이다. 하지만 유상감자와 관계없이 제이타워의 임대수익은 연간 30억 원씩 꼬박꼬박 들어온다. 쉽게 말해 회계 놀음으로 알짜 빌딩을 싸게 사고 종국에는 이 임대수익으로 진로발효 주식을 다시 살 수도 있다.

★ 꼭 기억하자 ★

- 기업 분석과 연결시키지 못할 임원 경력 훑어보기는 무의미하다. 실제로 회사를 움직이는 사람이 누구인지 파악하고, 그들과 한 배를 타라.

14장 우발채무를 체크해야 하는 이유

○── **사업보고서 이 곳을 보자**

X. 그 밖에 투자자 보호를 위하여 필요한 사항

○── **이 공시도 눈여겨 보자**

감사보고서

부채는 이자가 발생하는 것과 그렇지 않은 것으로 나눌 수 있다. 무이자부채의 대표적 예인 대형 유통업체의 많은 매입채무는 중소 납품업체에게 물건을 받고 대금을 최대한 늦게 지급하는 교섭력 우위의 상징과도 같다. 이자발생부채 중에서도 저리(低利)의 유산스Usance, 시설자금, 성공불융자 등은 유동성을 저하시킨다기보다는 현명한 재무 정책이라고 봐야 한다. 이처럼 재무상태표의 부채를 무조건 나쁘다고 단정지을 수는 없다. 오히려 드러나지 않는 부채가 더 위험하다.

유산스 | 무역 결제에 있어 지급기한을 가진 단기 어음. 수입상이 먼저 어음을 지급하고 상품 매각 후 그 대금으로 어음을 결제하는 방식.

시설자금 | 중소기업이 생산 설비를 갖추는 데 필요한 자금. 중소기업 육성을 위해 정책상 저리에 빌려 주는 경우가 많다.

성공불융자 | 민간 기업의 해외 자원 개발을 독려하기 위한 정부의 금융 지원책. 자원 개발에 성공할 경우 원리금을 상환하고, 실패할 경우 감면 또는 면제 혜택을 부여한다.

'그 밖에 투자자 보호를 위하여 필요한 사항'은 위험관리 차원에서 반드시 읽고 넘어가야 한다. 여기에는 중요한 소송, 채무 보증, 공모자금 사용 내역 등 아직 발생하지 않았지만 향후 문제가 될 수 있는 사안들이 기록되어 있다.

미래 사업성 예측이 빗나가 손실을 입었다면 복기하면서 한 단계 성장하는 투자자가 될 수 있지만, 회사에서 "이런 문제가 있습니다"라고 공공연히 알린 내용을 점검하지 못해 입은 손실은 게으름이나 덜렁거림으로밖에 설명할 길이 없다.

파라다이스의 공시를 보자.

〈그림 14-1〉

X. 그 밖에 투자자 보호를 위하여 필요한 사항

1. 공시사항의 진행 및 변경사항

신고일자	제 목	신 고 내 용	신고사항의 진행상황
2005.11.09	자기주식 처분신고서	주식매수선택권 행사에 따른 자기주식 교부 - 2003년 부여한 주식매수선택권의 개요 1. 부여일자 : 2003년 2월14일 2. 부여방법 : 이사회결의 3. 행사가격 : 4,211원 ※ 최초부여시 행사가격은 4,200원 이었으나 2003년 5월 30일과 2003년 12월 19일 2회에 걸친 이익소각으로 행사가격이 조정됨 4. 행사기간 : 2005년 2월 15일 ~ 2013년 2월 14일 5. 부여주식수 : 452,945주 ※ 최초부여시 행사수량은 468,500주 이었으나 2003년 5월 30일과 2003년 12월 19일 2회에 걸친 이익소각으로 부여주식수가 조정됨 6. 부여대상자 : 8명	스톡옵션행사 인출(272,101주) 심경모 : 116,017주 김성택 : 116,017주 안덕영 : 20,067주 박병룡 : 20,000주 미인출 자기주식 180,844주 보유중임.
2008.04.25	기타주요 경영사항	- 사건의 명칭 : 카지노업허가권 명의변경절차 이행청구의 소 - 원고 : 주식회사 워커힐 - 관할 법원 : 서울중앙지방법원 2007년 12월 6일 당사는 관계기관에 영업장 이전신청을 한 바 있음 이와 관련하여 2008년 4월 22일 워커힐측은 당사를 상대로 "카지노업허가권 명의변경절차 이행청구의 소"를 제기하였음	해당 사건에 대하여 2009년 1월 14일 법원은 원고의 카지노 허가권 명의변경절차이행 청구는 기각하고, 카지노 영업장 이전은 불가하다는 내용의 판결을 내렸슴.(2009년 1월 19일 기타주요경영사항 공시) 당사는 1심 판결 결과에 불복하여 2009년 1월 30일 항소하여 현재 2심 계류중임(2009년 2월 2일 기타주요경영사항 공시)

출처 : 파라다이스 2010년 1분기보고서

쉐라톤워커힐호텔에서 외국인 전용 카지노를 운영하는 파라다이스는 2008년 4월부터 2011년 9월까지 소송을 했다. 파라다이스가 먼저 카지노 영업장을 이전하겠다는 신청을 하자, 이에 반발한 워커힐이 한술 더 떠서 카지노업 허가권 반환을 요구한 것이다. 사실 워커힐의 카지노는 최종현, 전락원 선대 회장 때에 선경그룹이 파라다이스에 양도한 바 있다. 쉐라톤워커힐호텔의 호텔 부문 매출액 중 파라다이스의 VIP 고객이 콤프Comp로 사용하는 금액은 43.4%로 지대하다. 파라다이스가 다른 호텔로 이전할 경우 워커힐이 입게 될 피해는 불 보듯 뻔했다. 참고로 카지노는 규제 산업으로서 정부의 허가 없이는 임의로 영업할 수 없다. 파라다이스도 치명적이기는 마찬가지이다. 파라다이스 그룹의 카지노 매출 중 쉐라톤워커힐 내 카지노의 비중이 67.6%이다. 영업권을 환수당할 경우 그 어떤 부채보다 심각한 기업가치 훼손을 불러올 수 있다.

> **VIP** | 카지노 업체는 고객을 테이블 게임에서 많은 금액을 베팅하는 VIP(High roller)와 주로 슬롯머신에서 소액으로 게임을 즐기는 Mass로 분류한다. 보통 고객수로는 Mass 비중이 높지만 Drop액(베팅총액)은 VIP 기여도가 높다.
>
> **콤프** | Compliment의 약자. 카지노 업체가 주요 고객에게 무료로 식음료, 숙박, 교통편 등을 제공하는 마케팅 행위.

워렌 버핏 Speaks

다리를 건설할 때 건축가는 기껏 1만 파운드의 차량이 지나갈 것임에도 3만 파운드의 하중을 견디도록 설계한다. 투자에서도 마찬가지이다. 충분한 안전마진을 확보하라.

그러나 소송의 판결은 예측이 거의 불가능하다. 그래서 기회나 위협 요소라는 것을 알고도 기업가치 산정에 반영하지 못할 때가 많다. 작은 소송은 기업가치에 미치는 영향이 작아서, 또 파라다이스와 워커힐의 경우처럼 중대한 소송은 승패에 따라 기업의 존속 자체에 의문을 가질 수 있기 때문이다.

하지만 대여금이나 지급보증은 다르다. 코스맥스의 사례를 보자.

〈그림 14-2〉

3) 특수관계자의 대여금에 대한 내용

(단위 : 천원)

특수관계자	과 목	거래 조건			변 동 내 역			
		발생일	약정기간	이율	기초잔액	기중증가액	기중감소액	기말잔액
쓰리애플즈 코스메틱스(주)	대여금	2009.12.31	2010.12.31	9%	520,000	520,000	(520,000)	520,000
쓰리에이팜(주)	대여금	2008.12.31	2009.12.31	9%	500,000	-	(500,000)	-
일진제약(주)	대여금	2009.12.31	2010.12.31	9%	4,788,000	7,641,000	(4,788,000)	7,641,000
합 계	-	-	-	-	5,808,000	8,161,000	(5,808,000)	8,161,000

2) 타인을 위한 보증

① 당기말 현재 회사가 타인을 위하여 제공한 지급보증내용은 다음과 같습니다.

(단위 : 원)

수 혜 자	보 증 내 용	보 증 금 액	보 증 처	보증기간
(특수관계자)				
쓰리애플즈 코스메틱스(주)	차입에 따른 보증서에 대한 보증	770,000,000	기술보증기금	2007.06.09~2010.06.04
코스맥스(상해) 유한공사	차입에 따른 보증	4,169,964,000	외환은행 대련지점	2005.12.2 ~ 채무상환시
일진제약(주)	차입에 따른 보증	13,650,000,000	하나은행 무교기업센터지점	2007.04.30~2012.05.20
합 계	-	18,589,964,000	-	-

출처 : 코스맥스 2009년 감사보고서

코스맥스는 자회사인 일진제약에 직접 76억 원을 빌려 주고, 하나은행에서 빌린 차입금 137억 원에 대해 지급보증을 제공하였다. 결국 일진제약이 턴어라운드하지 못한다면 213억 원을 손해볼 지경이다. 표면적인 채무자는 일진제약이지만 실질적으로는 모회사인 코스맥스의 부채와 다를 바 없다.

〈그림 14-3〉

(3) PF 관련 당사가 제공한 지급보증 내역
당분기와 전기말 현재 당사가 시행사의 차입을 위하여 제공한 지급보증의 내용은 다음과 같습니다.

(단위: 백만원)

PF 유형	시행사	대출금융기관	당 분 기	전 기
ABCP	㈜도시피디 등	한국투자증권 등	93,600	93,600
기타 PF Loan	㈜한백산업개발 등	우리은행 등	383,492	376,732
합 계			477,092	470,332

출처: 한신공영 2010년 1분기 검토보고서

언론에서 많이 등장하는 건설회사의 PF Project Financing 보증도 비슷하다. 우리나라 관행상 개발사업의 주체인 시행사는 시공사가 출자한 페이퍼 컴퍼니 Paper company 인 경우가 많다. 해당 사업장의 개발 기간 동안에만 존속하기도 한다. 이렇게 별도의 법인으로 떼어 만들면 사업장 관리나 공동 출자 및 배당도 용이하다. 또 부채를 일으키더라도 본체인 시공사에게는 직접적으로 신용 위험이 적어 보인다. 그러나 사업이 성공적으로 종료될 때까지는 별다른 수익원이 없기 때문에 당연히 자체적으로 부채를 상환할 능력도 없다. 그래서 개발사업에 실패해 상환이 불가능해지면 시행사에 지급보

PF | 금융기관이 채무자의 신용이 아닌 특정 사업의 사업성과 미래 현금흐름에 의존해 대출하는 일.

시행사 | 부동산 개발사업의 실질적인 운영자. 공사의 전 과정을 책임지고 관리한다.

시공사 | 시행사의 발주를 받아 직접 공사를 하는 회사. 우리나라 대부분의 건설사가 시공사에 해당한다.

페이퍼 컴퍼니 | 물리적 실체 없이 서류상으로만 존재하는 회사.

증을 제공한 시공사가 고스란히 부채를 떠안게 된다. 한마디로 눈 가리고 아웅이다. 중소형 건설사 중 보수적 경영으로 유명한 한신공영도 PF 문제만큼은 예외가 아니다.

〈표 14-1〉 지급보증에 따른 부채비율 변화 (단위 : 억 원)

구분	자본	부채	부채비율	부채 (지급보증 포함)	실질부채비율
코스맥스	439	703	160.1%	889	202.5%
한신공영	3,198	6,822	213.3%	11,592	362.5%

출처 : 전자공시시스템, 더퍼블릭인베스트먼트

지렛대 효과 | 차입금 등 타인자본을 이용해 자기자본이익률을 높이는 효과.

재무상태표상 부채비율은 코스맥스가 160.1%, 한신공영이 213.3%이지만, 지급보증 규모를 모두 더하면 각각 202.5%, 362.5%까지 상승한다. 물론 부채라는 것은 지렛대 효과를 주기도 한다. 그러나 그 전에 일진제약의 건강기능식품 판매 현황이나 한백산업개발 사업장의 분양률 등을 검토해, 그들이 직접 수익을 창출하여 이자 또는 원금을 상환할 수 있는지 알아봐야 한다.

자회사가 아니라 모회사의 부실로 우발채무가 발생할 수도 있다. '열 손가락 깨물어 안 아픈 손가락 없다'는 말도 있듯이 지분율에 관계없이 모든 회사를 자신의 소유라고 생각하는 최대주주도 있는 법이다.

이제 만도의 사례를 살펴보자.

〈그림 14-4〉

1. 발행회사	회사명	주식회사 마이스터(Meister Inc.)		
	국적	대한민국(Republic of Korea)	대표자	박윤수
	자본금(원)	21,171,000,000	회사와 관계	자회사
	발행주식총수(주)	4,234,200	주요사업	자동차 부품 및 용품 판매
2. 취득내역	취득주식수(주)	12,620,000		
	취득금액(원)	378,600,000,000		
	자기자본(원)	1,567,355,361,788		
	자기자본대비(%)	24.16		
	대규모법인여부	해당		
3. 취득후 소유주식수 및 지분비율	소유주식수(주)	16,854,200		
	지분비율(%)	100		
4. 취득방법		현금 취득		
5. 취득목적		물류 인프라 강화 및 신사업 전개		
6. 취득예정일자		2013-04-12		
7. 자산양수의 주요사항보고서 제출 대상 여부		아니오		
-최근 사업연도말 자산총액(원)		4,034,737,025,555	취득가액/자산 총액(%)	9.38
8. 우회상장 해당 여부		아니오		
-향후 6월이내 제3자배정 증자 등 계획		해당사항없음		
9. 발행회사(타법인)의 우회상장 요건 충족여부		해당사항없음		
10. 이사회결의일(결정일)		2013-04-12		
-사외이사 참석여부	참석(명)	5		
	불참(명)	1		
-감사(사외이사가 아닌 감사위원)참석여부		-		
11. 공정거래위원회 신고대상 여부		해당		
12. 풋옵션 등 계약 체결여부		아니오		
-계약내용		-		

출처 : 만도 타 법인 주식 및 출자 증권 취득 결정 (2013.04.12)

〈그림 14-5〉

| 기업집단명 | 한라 | 회사명 | (주)마이스터 | 공시일자 | 2013.4.12 | 관련법규 | 공정거래법 11조의2 |

(단위 : 백만원)

1. 거래상대방		한라건설(주)	회사와의 관계	계열회사
2. 출자내역	가. 출자일자	2013.4.16		
	나. 출자목적물	보통주 3,556,610주, 전환우선주 10,174,420주		
	다. 출자금액	338,547		
	라. 출자상대방 총출자액	358,547		
3. 출자목적		투자이익 증대를 위한 유상증자 참여		
4. 이사회 의결일		2013.4.12		
- 사외이사 참석여부	참석(명)	-		
	불참(명)	-		
- 감사(감사위원)참석여부		참석		
5. 기타		- 상기 "출자일자"는 주금납입 예정일입니다. - 상기 "출자상대방 총출자액"은 금번 출자금액을 포함한 총출자금액입니다.		
※ 관련공시일		-		

출처 : 마이스터 특수관계인에 대한 출자 (2013.04.12)

만도는 100% 자회사 마이스터의 유상증자로 3,786억 원을 납입한다. 자기자본의 24%나 쏟아붓는다는 것은 굉장한 증설이나 신규 사업을 암시하는 듯하다. 하지만 사실은 업황 부진에 허덕이던 모회사 한라건설의 유동성에 숨을 틔우기 위함이었다.

한라건설은 적자를 기록하는 와중에 2조 원 이상의 차입금 상환 기일이 다가왔다. 그룹의 캐시카우Cash cow 만도는 상법상 신규 상호출자제한제도에 따라 한라건설에 자금을 출자할 수가 없었고, 이에 마이스터라는 페이퍼 컴퍼니를 중간에 세워 부당 지원한 셈이다. 또 상법상 '상호주 의결권 제한' 규정을 피하기 위해 마이스터를 주식이 없는 유한회사로 바꾸기까지 한다. 결과적으로 만도의

신규 상호출자제한제도 | 자산총액 5조 원 이상의 기업집단은 기존의 순환출자를 해소해야 하며, 신규로 두 법인 간 지분을 교환하여 보유할 수 없게 한 제도.

상호주 의결권 제한 규정 | 모자(母子) 관계에서 상호출자로 지분율 10% 이상일 경우 모회사의 의결권을 없다고 보는 규정.

자동차 부품 제조 경쟁력을 높이 산 투자자는 본의 아니게 가지게 된 건설회사 주식에 허탈할 수밖에 없다.

〈그림 14-6〉

유동성 위험

연결실체의 자금부서는 미사용 차입금한도를 적정수준으로 유지하고 영업 자금 수요를 충족시킬 수 있도록 유동성에 대한 예측을 항시 모니터링하여 차입금 한도나 약정을 위반하는 일이 없도록 하고 있습니다. 유동성에 대한 예측시에는 연결실체의 자금조달 계획, 약정 준수, 연결실체 내부의 목표재무비율 및 통화에 대한 제한과 같은 외부법규나 법률 요구사항이 있는 경우 그러한 요구사항을 고려하고 있습니다.

보고기간 말 현재 연결실체의 금융부채의 연도별 상환계획은 다음과 같습니다(단위: 천원).

계정과목	1년이하	1년초과 2년이하	2년초과 5년이하	5년초과	계약상 현금흐름(*1)
매입채무및기타채무(유동)	703,539,012	-	-	-	703,539,012
단 기 차 입 금	506,792,040	-	-	-	506,792,040
유동성장기차입금	403,256,717	-	-	-	403,256,717
매입채무및기타채무(비유동)	-	5,564,931	50,000	-	5,614,931
장 기 차 입 금	36,110,547	538,718,964	13,909,080	4,090,320	592,828,911
PF금융보증 등	662,982,432	-	-	-	662,982,432
파생상품계약 (*2)	-	24,268,000	-	-	24,268,000
이 행 보 증	250,000	-	-	-	250,000
합 계	2,312,930,748	568,551,895	13,959,080	4,090,320	2,899,532,043

(*1) 상기 현금흐름은 현재가치 할인을 하지 아니하였으며, 이자지급액이 포함된 금액입니다.
(*2) 파생상품계약은 총액으로 결제되어 해당자산과 교환됩니다.

출처 : 한라건설 2013년 1분기 연결검토보고서

〈그림 14-7〉 만도 주가(일봉) 차트 (2012~2013)

출처 : 키움증권

 만도는 국내 자동차 부품주 중에 손꼽히는 기술력을 가지고 있음에도 불구하고 모회사 한라건설의 부실과 그에 대한 부당 지원 문제로 주가가 반토막이 났다.

★ 꼭 기억하자 ★

- 제1원칙, 돈을 잃지 말 것.
  제2원칙, 제1원칙을 지킬 것.
  나의 소중한 자산에 위해를 가할 요소는 하나도 빠짐없이 체크하라.

♣ 뒷이야기

- 파라다이스와 SK네트웍스(워커힐)는 2011년 9월 상호간 제기한 소(訴)를 취하했다. 뿐만 아니라 임대료는 인상하되 카지노 영업장은 확장하는 '윈윈' 전략을 취한다.

15장 자산의 돋보기, 주석

이 공시도 눈여겨 보자

감사보고서 – 재무제표에 대한 주석

투자 경력이 오래된 분들일수록 주석을 꼼꼼하게 챙겨 본다. 혹자는 사업보고서보다 주석을 먼저 읽는다고도 한다. 주석에는 재무제표의 작성 원칙과 금융감독원이 정해준 틀에서 언급할 수 없었던 회사에 대한 자세한 내용들이 담겨 있다. 그래서 기업의 실질을 반영하려는 IFRS에서는 최소한의 원칙만 지켜 공시하고 나머지는 각 회사별 실정에 맞게 주석에 기록하도록 하였다. 초보 투자자들이 쉽게 주석과 친해질 수 있는 부분은 자산과 부채의 상세 내역이다. 당연히 사용 가능할 줄만 알았던 예금도 보증금이나 질권설

> **질권설정** | 채무를 변제할 때까지 동산과 그에 준하는 권리를 유치하고, 변제가 없을 경우 해당 질물로 우선적으로 변제할 수 있는 권리. 부동산에서의 저당권과 같은 개념이다.

정 등에 묶여 있을 때가 있고, 매도가능 증권이라는 애매모호한 계정도 세세히 분류하면 보다 정확한 분석을 할 수 있다.

〈그림 15-1〉

3. 사용이 제한된 예금
당기말과 전기말 현재 사용이 제한된 예금의 내용은 다음과 같습니다.

(단위:원)

계정과목	제 30(당) 기	제 29(전) 기	사용제한내용
장기금융상품	5,000,000	5,000,000	당좌개설보증금

출처 : 한화타임월드 2008년 감사보고서

〈그림 15-2〉

(2) 단기투자증권
당기말과 전기말 현재 만기보유증권의 상각후취득원가는 다음과 같습니다.

(단위:원)

구 분	제 30(당) 기	제 29(전) 기
국채 및 공채	1,625,000	4,930,000

② 만기보유증권
당기말과 전기말 현재 만기보유증권의 상각후취득원가는 다음과 같습니다.

(단위:원)

구 분	제 30(당) 기	제 29(전) 기
국채 및 공채	625,473,803	607,237,768

출처 : 한화타임월드 2008년 감사보고서

대손 | 외상매출금, 대출금 따위를 돌려받지 못하여 손해를 보는 일. 회계적으로는 대손 위험이 있는 자산에 대손충당금을 쌓아 차감하고 포괄손익계산서에 대손상각비를 계상한다.

국채 및 공채는 대손(貸損) 위험이 거의 없는 편이다. 시장성 있는 유가증권은 시가와 본질가치를 비교해 가감한다. 시장성 없는 유가증권은 특별한 아이디어가 있지 않으면 무시해도 좋다. 2008

년 한화타임월드의 청산가치를 구한다면 유가증권 중에서는 자사주펀드, 동양종금증권, 한화증권만 반영한다. 그 중 한화증권은 시장가격이 71억 원으로 반토막 가까이 났음에도 불구하고 지분법 적용 투자주식으로 분류되어 있어 장부가액은 139억 원이다. 보수적인 추정을 위해서는 둘 중 더 낮은 시장가격을 반영해야 한다.

자사주펀드 | 상장회사가 자기주식 매입을 위해 투자신탁회사에 사모 형태로 자금을 위탁한 펀드. 일반 펀드(10%)와 달리 동일 종목 투자 한도가 20%로 높다. 펀드의 평가액(공정가액) 중 자기주식 매입분은 자기주식으로 차감하고 재무상태표에 기록한다.

〈그림 15-3〉

(3) 장기투자증권
① 매도가능증권
당사가 당기말과 전기말 현재 공정가액으로 계상하고 있는 매도가능증권의 내역은 다음과 같습니다.

(단위:원)

구 분	취득원가	미실현손익			기타증(감)액	제 30(당) 기 장부가액 (공정가치)	제 29(전) 기 장부가액 (공정가치)
		기초가액	당기평가액	기말잔액			
〈수익증권〉							
자사주펀드(*1)	1,500,000,000	499,409,204	(570,172,935)	(70,763,731)	(189,818,124)	617,252,322	1,377,243,381
〈시장성있는지분증권〉							
동양종금증권	2,557,500	3,883,350	(4,256,800)	(373,450)	-	2,184,050	6,440,850
〈시장성없는지분증권〉							
(주)씨브이네트(*2)	130,000,000	-	-	-	-	130,000,000	130,000,000
미래에셋생명보험(주)(*3)	70,000,000	-	-	-	-	-	-
(주)한화이글스(*3,4)	150,000,000	-	-	-	-	-	-
소 계	350,000,000	-	-	-	-	130,000,000	130,000,000
합 계	1,852,557,500	503,292,554	(574,429,735)	(71,137,181)	(189,818,124)	749,436,372	1,513,684,231
이연법인세효과		(138,405,452)	154,055,632	15,650,180			

5. 지분법적용투자주식
(1) 제 30(당) 기
① 지분법적용 피투자회사에 대한 투자주식의 지분율 현황 등은 다음과 같습니다.

(단위:원)

피투자회사명	지분율(%)	취득원가	시장가격	순자산가액	장부가액
한화증권(주)	2.13%	12,851,625,680	7,133,649,640	13,592,711,282	13,898,085,341

당사는 한화증권(주)의 보통주에 대하여 당사의 지배회사를 통하여 간접적으로 의결권 있는 주식의 20% 이상을 보유하고 있으므로 지분법을 적용하여 평가하고 있습니다.

출처 : 한화타임월드 2008년 감사보고서

개별공시지가 | 표준지공시지 개[부동산 가격공시 및 감정평가에 관한 법률에 따라 국토교통부 장관이 토지 이용 상황이나 주변환경, 기타 자연적·사회적 조건이 일반적으로 유사하다고 인정되는 일단의 토지 중에서 대표할 수 있는 50만 필지를 조사·평가하여 공시한 토지의 단위면적(㎡)당 가격)를 기준으로 산정한 개별 토지에 대한 단위면적(㎡)당 가격.

자산재평가 | 기업 자산의 현실가액이 물가 상승이나 감가상각비 등의 요인으로 장부가액과 크게 차이가 생긴 때 현실에 적합한 가액으로 다시 평가하는 일.

부동산도 빼놓을 수 없다. 주석에는 보유 토지의 개별공시지가를 기재하도록 되어 있다. 하지만 그보다 먼저 매각이 가능한지, 매각한 후 새 보금자리를 마련하는 데 비용은 어느 정도 발생하는지부터 확인해야 한다. 그 후 공시지가를 기준으로 청산가치를 산정하면 되는데, 최근 자산재평가 이후에는 과거와 달리 공시지가가 장부가보다 더 낮은 경우도 있다. 이때는 매도가능 증권과 마찬가지로 가격의 등락을 직접 확인해야 한다.

한화타임월드의 사례를 보자.

〈그림 15-4〉

(3) 당기말과 전기말 현재 보유토지의 공시지가는 다음과 같습니다.

(단위:원)

구 분	면적(㎡)	장부가액	공시지가	
			제 30(당) 기	제 29(전) 기
대전시 서구 본점	9,980.40	27,172,537,990	39,970,818,000	39,970,818,000
대전시 서구 주차장동	4,499.00	3,396,383,799	7,868,568,000	7,796,625,000
대전시 중구 동백점	4,949.25	44,225,716,739	36,342,397,000	36,342,397,000
합 계	19,428.65	74,794,638,528	84,181,783,000	84,109,840,000

(4) 당분기말과 전기말 현재 보유 토지의 공시지가는 다음과 같습니다.

(단위 : 원)

구 분	면적(㎡)	장부가액	공시지가	
			제 32(당) 분기	제 31(전) 기
대전시 서구 본점	9,980.40	70,928,048,000	39,970,818,000	39,970,818,000
대전시 서구 주차장동	4,499.00	12,642,190,000	7,868,568,000	7,868,568,000
대전시 중구 동백점	4,949.25	44,779,934,000	35,405,213,000	35,405,213,000
합 계	19,428.65	128,350,172,000	83,244,599,000	83,244,599,000

출처 : 한화타임월드 2008년 감사보고서(위), 2010년 1분기보고서(아래)

한화타임월드가 보유한 토지 중 임대를 주고 있는 투자부동산 '대전시 중구 동백점' 외에는 영업용 자산이므로 기업가치(수익가치 + 자산가치)를 계산할 때는 반영하지 않는 것이 보수적이다. 대전시 서구의 본점과 주차장동을 매각한다면 현재 창출하고 있는 매출액이 사라질 것인데 수익가치와 동시에 반영하면 중복 계산이 되는 셈이기 때문이다. IFRS 도입 이후에는 임대수익을 창출하는 자산은 재무상태표에서부터 투자부동산으로 분리해 기재하고 있어 주석까지 찾아봐야 하는 번거로움은 조금 덜었다.

〈그림 15-5〉

14. 임대차계약
(1) 당기말 현재 당사는 (주)한화갤러리아와 대전광역시 중구 소재의 (주)한화타임월드 동백점 건물과 부속물 일체에 대한 임대계약을 체결하고 있으며, 당기말 현재 상기 임대계약에 따라 향후 기대되는 임대수익은 다음과 같습니다.

(단위:원)

구 분	금 액	비 고
2009.01.01~2009.12.31	1,398,360,000	계약기간 : 2009.12.31일까지

(2) 상기 임대계약 외에 우리은행 외 38개 업체에게 당사가 보유하고 있는 일부 건물에 대하여 임대를 하고 있으며, 이와 관련하여 당기 중에 3,263,749,726원의 임대수익이 발생하였으며, 당기말 현재 임대보증금 8,034,500,000원이 계상되어 있습니다. 한편, 당사의 임대계약은 1년 또는 2년 단위로 갱신되고 있습니다.

출처 : 한화타임월드 2008년 감사보고서

계속기업 여부와 밀접한 관계를 가지는 이자발생부채는 더욱 자세히 공시되어 있다. 차입처와 규모, 이자율 및 만기일까지 나와 있다. 비유동부채의 경우 상환 계획도 같이 나와 있으므로 이자비용이 어떻게 변동되는지 추정 포괄손익계산서를 작성하는 데도 도움

> **계속기업** | 기업이 구성원이나 소유자와 별도로 생명을 가지고, 경영활동이 지속될 수 있다는 개념.

리뉴얼 | 재개, 부활, 갱신 등의 뜻으로 유통·패션업에서는 고객의 요청이나 유행의 변화에 맞추어 매장이나 디자인을 새롭게 재구성하는 일을 의미한다.

을 준다. 물론 은행 입장에서는 경영 상태가 원활한 기업은 우량 고객으로서 상환하지 않고 만기 연장 Roll-over 하기를 바라기도 한다. 한화타임월드는 명품관 리뉴얼 Renewal 때문에 차입금이 늘어났지만 현금흐름이 좋은 유통업종인데다가 지역 독점적인 지위를 이용해 수년 내 다시 무차입 경영을 할 수 있을 것으로 기대된다. 아래는 주석을 보고 재정리한 이자발생부채, 이자비용, 상환 계획이다.

〈표 15-1〉 한화타임월드 2008년 기준 이자발생부채 내역

계정	내역	규모	이자율	이자비용
단기차입금	일반차입금	400	6.92%	27.7
유동성장기부채	시설자금	50	6.61%	3.3
장기차입금	시설자금	80	5.86%	4.7
	시설자금	70	7.25%	5.1
	시설자금	50	6.72%	3.4
사채	사모사채	50	7.37%	3.7
계		700	6.83%	47.8

출처 : 전자공시시스템, 더퍼블릭인베스트먼트

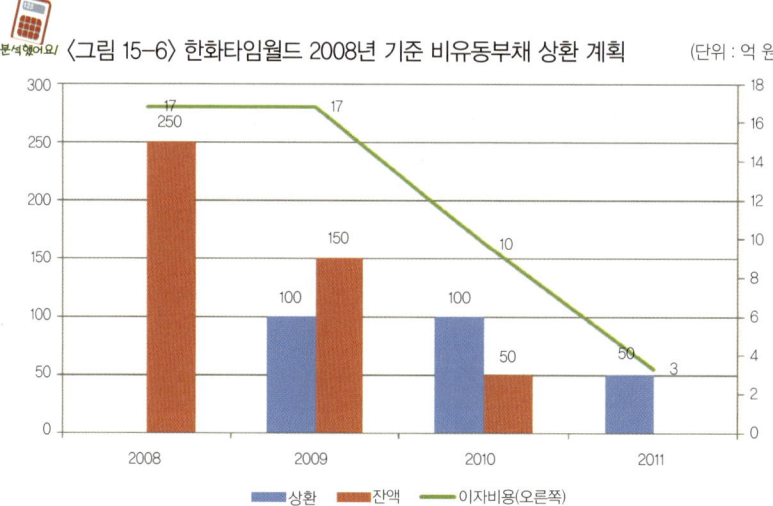

〈그림 15-6〉 한화타임월드 2008년 기준 비유동부채 상환 계획 (단위 : 억 원)

출처 : 전자공시시스템, 더퍼블릭인베스트먼트

〈표 15-2〉는 한화타임월드의 자산가치를 분석한 표이다.

자본총계가 적게는 189억 원(일반적 관점 1,434억 원 − 재무상태표 기준 1,245억 원), 많게는 1,340억 원(일반적 관점 1,434억 원 − 주석 반영 후 94억 원)의 차이가 난다. 처음에는 재무상태표상 단기투자증권, 장기투자증권, 지분법 적용 투자주식의 가치를 반영하기 어렵지만, 주석을 읽고 나면 국채 및 공채, 시장성 있는 자사주펀드와 지분법 적용 투자주식은 충분히 유동화시킬 수 있고 대손 위험이 적다는 것을 알 수 있다.

반대로 영업활동과 직접적 관련이 있어 매각할 경우 수익가치에 중대한 영향을 줄 수 있는 5억 원의 장기 금융상품과 대전시 서구의 토지, 건물은 가치평가에서 배제하는 것이 옳다.

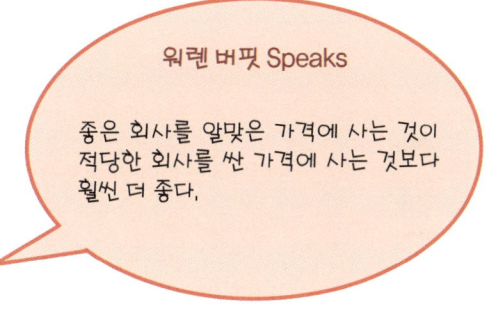

〈표 15-2〉 2008년 기준 한화타임월드 자산가치 산정의 예

	재무상태표 기준	일반적 관점	주석 반영 후	비고
현금 및 현금성 자산	18,780,403,271	18,780,403,271	18,780,403,271	
단기투자증권	1,625,000	–	1,625,000	국채 및 공채
장기금융상품	5,000,000	5,000,000	–	당좌개설보증금
장기투자증권	1,374,910,175	–	1,347,913,872	자사주펀드
지분법적용 투자주식	13,898,085,341	–	7,133,649,640	시장가격
토지	74,794,638,528	74,794,638,528	36,342,397,000	동백점 공시지가
건물	112,548,886,300	112,548,886,300	8,457,603,000	동백점 담보설정
보증금	2,318,400,000	2,318,400,000	2,318,400,000	
회원권	1,091,421,520	–	–	
기타자산	32,158,934,984	–	–	
자산총계 ⓐ	256,972,305,119	208,447,328,099	74,381,991,783	
단기차입금	40,000,000,000	40,000,000,000	40,000,000,000	
사채	5,000,000,000	5,000,000,000	5,000,000,000	
유동성 장기부채	5,000,000,000	5,000,000,000	5,000,000,000	
장기차입금	15,000,000,000	15,000,000,000	15,000,000,000	
기타 부채	67,490,362,264	–	–	
부채총계 ⓑ	132,490,362,264	65,000,000,000	65,000,000,000	
자본총계 ⓒ	124,481,942,855	143,447,328,099	9,381,991,783	

출처 : 전자공시시스템, 더퍼블릭인베스트먼트

 ⓒ = ⓐ − ⓑ

★ 꼭 기억하자 ★

- 자산가치 분석에는 주석이 필수적이다. 숨겨진 가치를 찾을 수 있을 지도 모른다.

16장 전자공시 알짜 활용법

한 해에 네 번, 정기보고서만으로도 이토록 많은 것을 얻을 수 있다. 외국의 분기보고서에 비하면 과도하게 자세하다고도 볼 수 있다. 워렌 버핏이 읽는다는 연차보고서가 우리나라의 정기보고서에 가까운데 이는 1년에 한 번 발간된다. 어떻게 보면 '너무 많은 정보가 잦은 시점에 제공되다 보니 오히려 투자나 분석의 시각이 짧아지는 것은 아닌가?' 하는 생각도 든다. 그런데 금융당국은 투자자 보호를 위해 상장회사에게 훨씬 많은 것을 공시 사항으로 요구하고 있다. 그 중 투자자라면 꼭 알아야 할 사항을 6가지로 정리해 보았다.

(1) 공개매수

서브프라임 모기지 | 신용등급이 낮은 저소득층을 대상으로 빌려주는 미국의 주택 담보 대출. 주택 가격이 하락할 경우 대출금 회수가 어려운 특징이 있다. 무분별한 서브프라임 모기지 대출과 이를 기초자산으로 한 자산담보부증권 판매가 2008~2009년 리먼 브라더스 파산 등 미국 금융회사에 막대한 손실과 유동성 위기를 불러왔는데, 이를 서브프라임 모기지 사태라고 한다.

제3자 배정 유상증자 | 신주를 발행하여 기존 주주 외의 특정인에게 인수하게 하는 유상증자 방식.

거래량에 비해 많은 주식을 한꺼번에 사려면 평균 매입단가가 높아지기 때문에 대주주나 주요 주주로부터 장외에서 매입하는 것이 편하다. 워렌 버핏의 버크셔 해서웨이의 경우도 보유한 자산이 막대한데다, 워렌 버핏이 매집한다는 소문이 나면 많은 투자자들이 따라 사는 등 시장에 영향을 줄 수 있어 장내 거래는 가능한 한 피하고 싶을 것이다. 서브프라임 모기지Subprime mortgage 사태 이후 대형 투자은행인 골드만삭스의 우선주를 제3자 배정 유상증자 형태로 매입한 것도 같은 이유이다.

그러나 적대적 인수합병을 목표로 한다면 대주주가 지분을 넘길 리 만무하다. 또 매입 주체가 대주주라면 소액 주주들과 모두 장외계약을 맺는다는 것은 현실적으로 불가능하다. 이때 시장에 교란을 주지 않으면서도 짧은 기간에 많은 주식을 확보할 수 있는 방법이 '공개매수'이다.

자금 조달의 욕구가 없는 회사의 경우 굳이 상장 상태를 유지하는 것이 부담스러울 수 있다. 그래서 소액 주주의 지분을 20% 미만까지 떨어뜨리는 방식으로 고의적인 상장폐지를 하기도 한다.

프레스 | 주로 금속판에 압축력을 가해 변형시키는 가공방법 또는 기계의 통칭.

금형 | 프레스, 사출(용융한 플라스틱을 금형에 주입하는 성형 방법), 다이캐스팅(용융한 금속을 금형에 주입하는 성형 방법) 등으로 목적물을 원하는 모양으로 성형하기 위한 금속 틀.

성우몰드는 성우하이텍의 자회사로 자동차 판넬용 프레스Press 금형을 제작해 완성차업체와 모회사에 공급한다. 성우몰드는 2010년 3월 29일 공개매수 사실이 담긴 공시를 발표한다. 알려진 공개매수 이유는 유통주식수 부족으로 상장의 실익이 없다는 것인데, 향후 회사의 성장을 최대주주가 독차지하려는 것인지, 현대자동차 등 완성차 업체에게 세세한 기업 정보를 알리고 싶지 않아서인지 그 배경이 궁금하다. 어쩌면 특수관계자간 거래가 많은 회사이므로 IFRS 도입 이후 성우하이텍의 연결 대상 종속회사가 되는 등 중복되는 관리 문제를 해결하기 위함일 수도 있다.

특수관계자간 거래 | 임원, 주요 주주, 관계회사 등과의 매출, 매입, 채권, 채무 관계 등. 이는 주석 기재 사항이다.

연결 대상 종속회사 | 지분율이 50%를 초과하거나 그에 준하는 실질 지배력을 행사할 수 있는 경우 연결재무제표상 연결 대상 종속회사가 된다. IASB(International Accounting Standards Board, 국제회계기준위원회)는 실질 지배력을 재무와 영업 정책에 영향을 미칠 수 있는가를 기준으로 삼으며, 현실적으로는 임원 겸임 여부, 이사회 구성원 선임 권한 등으로 결정한다.

워렌 버핏 Speaks

우리는 좋은 기업일 뿐만 아니라 수준 높고 재능이 있고 호감이 가는 경영자가 운영하는 기업에 투자하려고 노력한다.

〈그림 16-1〉

1. 제목	코스닥시장 상장폐지 신청서 제출 및 소액주주 보호 대책

2. 주요내용	당사는 2010년 3월 25일 정기주주총회에서 코스닥시장 상장폐지 결의의 건에 대한 의안이 가결되었으며, 이에 따라 당사는 2010년 3월 29일에 한국거래소에 <u>자진 상장폐지</u> 신청서를 제출하였습니다.
	
	당사의 발행주식 총수의 98.32%(816,036주)를 보유하고 있는 최대주주 성우하이텍은 당사의 코스닥시장 상장폐지와 관련하여 소액투자자들을 최대한 보호하기 위하여 아래와 같이 보호대책을 수립하고 한국거래소의 상장폐지 승인 후 정리매매기간 및 상장폐지일 후 <u>6개월동안 소액주주들의 주식을 매수하기로 하였음을 알려드립니다.</u>
	
	- 아 래 -
	
	1. 상장폐지에 따른 투자자보호대책
	
	(1) 상장폐지 신청일자 : 2010년 3월 29일
	
	(2) 투자자 보호대책
	
	  <u>1) 정리매매기간 장내매수</u>
	
	    ① 매수가격 : 주당 (15,500 원)
	
	    ② 매수수량 : 잔존 소액주주의 보유주식
	
	    ③ 매수자 : 이명근

▶ 이어집니다.

	2)코스닥시장 상장폐지 후 장외매수	
	① 매수기간 : 상장폐지 후 6개월	
	② 매수가격 : 주당 15,500원	
	③ 매수수량 : 잔존 소액주주의 보유주식	
	④ 매수자 : 이명근	
	(3)기타 문의사항 : 당사 재경팀	
	(전화번호 : 070-8280-5456)	
3. 결정(확인)일자	2010-03-29	
4. 기타 투자판단에 참고할 사항	-	
	※관련공시	2010.03.25 정기주주총회 결과공시

출처 : 성우몰드 기타 주요 경영 사항에 관한 공시 (2010.03.29)

〈표 16-1〉 성우몰드 특수관계자 거래   (단위 : 억 원)

	2009	2010
성우몰드 매출액	284	306
특수관계자 향 매출액	157	243
특수관계자 향 비중	55.3%	79.4%

출처 : 성우몰드 2010년 감사보고서, 더퍼블릭인베스트먼트

회사가 주식 분산 요건이 충족되지 않은 상황이라고 해서 무작정 자진 상장폐지를 감행하면 나머지 소액주주들은 주식의 매매가 어렵게 되고 매매를 하더라도 비상장 주식에 해당하게 되며 차익에 대한 양도소득세를 부과받는 등 자신의 의사와 무관하게 권리

주식 분산 요건 | 주식시장 상장 요건 중 하나로 유가증권시장은 일반주주 소유비율 25%, 일반주주 수 1,000명 이상이어야 하며 코스닥시장은 일반주주 소유비율 30%, 일반주주 수 500명 이상이어야 한다.

를 침해 당할 수 있다. 때문에 최대주주가 공개매수 절차에 따라 일정한 매수가격을 제시하고 모두 사들여야 한다. 당연히 공개매수 가격은 공시 시점의 주가보다 높아야 하며, 이때 무위험 차익거래 기회가 발생한다.

성우몰드의 경우 공시 시점 주가가 1만 4,250원이고 공개매수 가격(1만 5,500원)과의 괴리는 8.8%이다. 투자자 중에는 목표 수익률이 8.8% 이상인 사람도 많을 줄로 안다. 하지만 공개매수 기간이 32일에 불과해 365일로 나눈 연환산 수익률로는 100%가 넘는다. 포트폴리오에 현금을 가지고 있고 마땅한 투자처가 없다면 매력적인 대안이다.

우호적 공개매수 | 공개매수는 최대주나 경영진의 찬동 여부에 따라 우호적·중립적·적대적으로 분류할 수 있고, 우호적일수록 성공 가능성이 높다.

그러나 공개매수를 이용한 차익거래의 경우에는 매입 주체의 결정이 뒤바뀔 수 있다는 점에 주의해야 한다. 위 사례인 성우몰드는 우호적 공개매수이고 공개매수 총액이 2억 원에 불과해 위험이 작다. 그러나 공개매수 전 인수합병 재료로 주가가 많이 오르거나, 애초에 공개매수할 수 있는 자금이 한정적일 때, 또 많은 주주들이 공개매수에 응하지 않아 원하는 주식 수를 확보할 수 없는 경우에는 공개매수에 응한 주식 수와 공개매수할 주식의 비율로 안분해 매수하거나 공개매수 자체를 아예 철회하기도 한다. 이때에는 차익거래를 노리고 유입된 자금이 일거에 빠져나가면서 주가가 최초 매입단가보다 하락해 손실을 볼 수도 있다.

2012년 7월 5일 VIHI Visteon International Holdings, Inc.는 자회사이던 한라비스테온공조를 상장폐지하고자 비스티온코리아홀딩스를 앞세워 공개매수를 신고하였다. 상장폐지 후 의사결정의 효율성과 경영활동의 유연성 제고가 기대된다는 이유이다. 증권가에서는 재무적 위험에 빠져 회사를 매각하려는 VIHI의 경영진이 기업가치를 올리려는 목적으로 알짜 자회사인 한라비스테온공조를 100% 자회사로 편입하는 것이 내막이라고 이야기한다. 중요한 것은 국민연금공단의 반대로 공개매수와 상장폐지가 모두 무산되었다는 점이다. 비스티온코리아홀딩스는 공개매수 결과 응모 주식이 2,670만 2,000주에 미달하면 전량을 매수하지 않겠다고 밝혔다. 최소 2,670만 2,000주 이상을 매입해야 상장폐지가 가능한 지분율 95%를 초과할 수 있기 때문이다. 그런데 당시 8.1%의 지분으로 캐스팅보트 Casting Vote를 쥐고 있던 국민연금공단이 국부 유출을 우려해 불참을 선언했다. 2012년 7월 5일 공개매수 가격인 2만 8,500원에 근접한 2만 7,850원까지 올랐던 한라비스테온공조의 주가는 공개매수 결과 발표 전일인 7월 24일 2만 4,100원까지 13.5%나 급락하였다.

캐스팅보트 | 합의체의 의결에서 가부(可否)가 동수인 경우에 의장이 가지는 결정권. 본문에서는 공개매수와 상장폐지를 좌지우지할 수 있는 지분율을 빗대어 설명하였다.

〈그림 16-2〉

3. 공개매수 예정수량 및 가격

(단위 : 주)

주식등의 종류	예정주식수	청약주식수	매수주식수
한라공조(주) 기명식 보통주	26,702,000	18,865,898	-

주) 목표하였던 <u>공개매수 수량인 26,702,000주에 미달하였으므로 전량을 매수하지 않습니다.</u>

출처 : 한라비스테온공조 공개매수결과보고서 (2012.07.25)

백기사 | 경영권을 위협받는 기업이 경영권 방어를 위해 끌어들이는 우호적인 세력.

　재미있는 것은 과거 한라공조의 모회사였던 만도의 기타 주요 경영 사항 공시이다. 비스티온코리아홀딩스의 공개매수 실패 이후 국민연금 보유 한라비스테온공조 지분은 만도가 우선매수권으로 이미 산 것과 다름없게 되었다. 국민연금공단은 만도의 이산 가족 찾기에 백기사 역할을 한 셈이다.

〈그림 16-3〉

1. 제목	글로벌 투자 파트너쉽에 대한 부속 양해각서 체결에 대한 이사회 승인
2. 주요내용	1. 국민연금공단과 주식회사 만도는 글로벌 투자 파트너쉽을 위한 양해각서를 체결하였으며, 이를 위한 이사회 승인을 득함. 2. 양해각서 주요 내용 - 체결당사자 : 국민연금공단 및 주식회사 만도 - 주요 내용 : ㅇ 해외기업에 대한 투자협력 합의(비스테온 등). ㅇ 국민연금 보유 한라공조 지분 우선매수권 합의. (매수가격 및 매매절차 등에 관하여는 당사자들 간 별도 합의로 정함) - 양해각서 체결일 : 7월 27일
3. 결정(확인)일자	2012-08-07
4. 기타 투자판단에 참고할 사항	- 본 양해각서는 최종적으로 확정된 사항이 아닌 사전적 단계로서 진행과정에서 변동되거나 결렬될 수 있으니 유의하시기 바람. - 추후 변동사항이나 구체적인 사항이 결정되면 즉시 공시할 예정임. - 상기 결정일자는 이사회 승인일 기준임. ※ 관련공시 -

출처 : 만도 기타주요경영사항(자율공시) (2012.08.07)

(2) 자산 및 영업 양·수도

기업의 주인이라고는 하나, 현실적으로 경영에 참여하지 못하는 소액주주는 IR 창구를 통해 후행적으로, 그리고 제한적으로 회사의 의사결정을 전해 듣는 것이 고작이다. 주주행동주의가 발달하지 못하고 최대주주의 입김이 센 우리나라는 특히 그렇다. 회사가 주주의 돈으로 큰 자산이나 사업을 사고 팔 때에도 감시나 제지는커녕 합리적인 결정인지 판단하기조차 어렵다. 그럴 때에는 거듭 강조했다시피 지배구조 측면에서 기업을 바라볼 필요가 있다.

동양고속의 사례를 살펴보자.

> **주주행동주의** | 기업의 이익을 극대화하고 주주들에게 돌려준다는 원칙 하에 과거 시세차익이나 배당금에 만족하던 소극적 주주에서 벗어나 지배구조 개선 등 경영에 개입하려는 행위.

워렌 버핏 Speaks

진정으로 위대한 비즈니스는 유형자산 대비 높은 수익률을 올려주는 기업이며, 어떤 기간에도 수익의 많은 부분을 재투자하지 않는 기업이다.

〈그림 16-4〉

1. 발행회사		회사명 (국적)	신고려관광(주) (대한민국)	대표이사	유준희
		자본금 (원)	411,425,000	회사와 관계	-
		발행주식총수(주)	82,285	주요 사업	골프장업
2. 취득내역	취득 주식수 (주)				16,457
	취득금액 (원)				21,400,000,000
	자기자본 (원)				82,265,431,406
	자기자본대비 (%)				26.01
	대규모법인여부		미해당		
3. 취득후 소유주식수 및 지분비율	소유주식수 (주)				16,457
	지분비율 (%)				20
4. 취득방법		매매계약을 통한 지분인수			
5. 취득목적		경영참여를 통한 미래자산가치 극대화 및 중장기적인 미래성장동력 확보			
6. 취득예정일자		2008.12.30			
7. 자산양수신고서 제출대상 여부		예			
- 최근 사업연도말 자산총액(원)		97,274,478,011	취득가액/자산총액(%)		22.00
8. 우회상장 해당 여부		아니오			
- 향후 6월이내 제3자배정 증자 등 계획		해당없음			
9. 발행회사(타법인)의 우회상장 요건 충족여부		아니오			
10. 이사회결의일(결정일)		2008.12.30			
- 사외이사 참석여부	참석 (명)				1
	불참 (명)				-
- 감사(감사위원) 참석여부		참석			
11. 공정거래위원회 신고대상 여부		미해당			

출처 : 동양고속 타 법인 주식 및 출자 증권 취득 결정 (2008.12.30)

고속버스 시장에서 안정적인 지위를 가지고 있던 동양고속은 자기자본의 26.0%에 달하는 막대한 현금을 사용해 골프장을 인수한다. 물론 고속버스가 사양산업인 탓에 미래 성장동력을 찾아야 마땅하지만 필자의 판단으로 골프장은 사업다악화로 보인다.

알고 보니 신고려관광의 원래 주인은 동양고속의 최대주주인 동양파라곤이다.

사업다악화 | 비관련 사업다각화를 비꼬는 말. 마젤란 펀드를 운용한 전설적 투자자 피터 린치가 저서 『전설로 떠나는 월가의 영웅』에서 기피해야 할 주식을 5가지 종류로 분류하며 처음 사용했다.

〈그림 16-5〉

> 라. 기타 자산양수도 당사회사간의 이해관계 등
> 양도인 (주)동양파라곤은 양수인 (주)동양고속운수의 특수관계인으로 양수인의 총 발행주식 2,652,000주중 513,435주(지분율 19.4%)를 보유하고 있습니다.

출처 : 동양고속 자산 양수 · 도 신고서 (2008.12.30)

동양파라곤의 본업은 건설 시행사이고, 시공사인 자회사 동양건설의 개발사업 탓에 이자발생부채가 자본총계의 10배에 달한다. 그러던 중 금융위기로 건설 경기가 위축되면서 현금이 상당히 아쉬운 상황이었을 것이다. 그래서 현금흐름이 좋은 동양고속이 모회사 동양파라곤으로부터 골프장을 받고 현금을 쥐어준 셈이다.

⟨그림 16-6⟩

6. 단·장기 차입금 등

대차대조표일 현재 당사의 단·장기차입금 등의 내역은 다음과 같습니다.

(1) 단기차입금

(단위: 천원)

차입금종류	차입처	이자율(%)	당 기	전 기
일반운영자금	우리은행	7.55	1,700,000	1,700,000
〃	〃	7.35	2,070,000	2,070,000
〃	(주)동양건설산업	9.00	15,582,284	16,261,244
합 계			19,352,284	20,031,244

(2) 장기차입금

(단위: 천원)

차입금종류	차입처	이자율(%)	당기	전 기	만기일	상환방법
장기차입금	국민은행	7.05	59,567,661	50,818,611	2010.03	만기일시상환
〃	〃	6.39	-	11,577,293	2008.12	〃
〃	〃	6.39	9,500,000	-	2009.06	〃
합 계			69,067,661	62,395,904		
차감 : 유동성대체			(9,500,000)	(11,577,293)		
잔 액			59,567,661	50,818,611		

(3) 장기차입금의 상환계획

(단위: 천원)

종 류	당기말잔액	상 환 금 액	
		2009년	2010년
장기원화차입금	69,067,661	9,500,000	59,567,661

출처 : 동양파라곤 2008년 감사보고서

〈그림 16-7〉

(주2) 토지 및 코스조성비의 평가

(단위: 원)

구분	대차대조표상 금액	상증법상평가액(시가)	평가차액
토지	673,700,560	120,329,887,500	117,878,181,970
코스조성비	1,778,004,970		
합계	2,451,705,530	120,329,887,500	117,878,181,970

상속세법및증여세법에 의한 자산, 부채는 평가기준일 현재의 시가에 의하며 시가가 없거나 확인되지 않는 경우 보충적 평가액에 의합니다. 여기에서 시가로 보는 경우는 평가기준일 전,후 6월(증여의 경우에는 3월) 이내에 다음의 가액이 확인되는 경우 이를 시가로 봅니다.
㉠ 매매사실이 있는 경우에는 그 실제거래가액
㉡ 2이상의 감정가액 평균액
㉢ 수용 보상가액, 경매가액
㉣ 상장주식,협회등록주식의 평가기준일 전,후 각 2개월간의 종가평균액
본 평가의견서에서는 위의 규정에 따라 2008년 12월 26일을 평가일로 하여 가온감정평가법인 및 정일감정평가법인에서 평가한 토지 및 코스조성비 감정가액의 평균가액을 사용하였습니다. 한편, 코스조성비는 토지와 일체가 되어 코스를 구성하는 시설의 조성비용으로 상속세밀증여세법에서는 이를 토지에 대한 자본적 지출로 보아 토지의 장부가액에 포함하여 평가차액을 계산하도록 하고 있습니다(서면2팀-1256).
상증세및증여세법의 규정에 의하여 2개 감정평가법인의 감정가액을 평균한 금액은 다음과 같습니다. 동 감정평가금액에는 토지와 불가분의 관계에 있는 수목 및 조경, 골프코스, Pond, Green 등의 시설물이 포함되어 있습니다.

(단위: 원)

감정평가법인	구분	면적(㎡)	금액
㈜가온감정평가법인	체육용지	846,401	103,260,922,000
	토지	577,180	16,725,587,000
	소계	1,423,581	119,986,509,000
㈜정일감정평가법인	토지	1,423,581	120,673,266,000
평균금액			120,329,887,500

출처 : 동양고속 자산 양수 · 도 신고서 (2008.12.30)

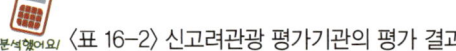 〈표 16-2〉 신고려관광 평가기관의 평가 결과   (단위 : 주, 원, 배)

평가자	발행주식수	주당 평가금액	순이익 (억 원)	주당 순이익	P/E	자본총계 (억 원)	주당 순자산	P/B
일반	82,285	1,303,389	24	29,668	43.9	181	219,819	5.9
선명회계법인			22	26,315	49.5	1,345	1,634,563	0.8

출처 : 선명회계법인, 더퍼블릭인베스트먼트

 적정기업가치는 부동산 과다보유 법인으로 수익가치 2 : 자산가치 3의 가중평균, 평가금액은 최대주주 할증 20%

그린 | 골프 코스에서 퍼팅을 하기 위해 잔디를 짧게 깎아 정비해 둔 지역.

영점조준 | 표준 사격거리에서 탄도의 고저를 수정하여 총의 조준점과 탄착점이 일치되도록 소총 등의 조준구를 조정하는 것.

선명회계법인은 신고려관광의 기업가치를 대략 주당 130만 원으로 평가하였다. 2008년 감사보고서 기준으로 대략 P/E 43.9배, P/B 5.9배의 고가이다. 그 중에서 코스 조성비가 재미있다. 일종의 자산재평가와 같은 개념인데 장부가로 기재되어 있는 토지에 수목, 조경, 골프 코스, 연못, 그린Green을 만들기 위해 투자했으니 1,179억 원을 더 인정해 달라는 것이다. 그러나 골프장을 운영하려면 당연히 필요한 시설이고, 이를 이용해 매출과 이익을 발생시키고 있다는 점을 감안하면 이중 계산 논란이 발생할 수 있다. 또 사실 재무상태표상 코스 조성에 들어간 돈은 23억 원에 불과하다. 최대주주 입장에서는 그룹 회생이라는 대승적인 결론을 위해 신고려관광의 가치를 최대한 높게 평가할 수밖에 없었을 것이다. 그리고 이러한 오너와 함께 하는 것도 주주가 되는 순간부터 생기는 책임이다. 그러나 내막을 알았더라면 투자의 영점조준을 다시 했을지 모를 일이다.

그 이후에도 동양고속은 남양주호평파라곤에 1,200억 원(자기자본 대비 131%)의 채무보증을 서고, 관계회사 동양건설이 가진 동양고속산업과 도요타디앤티를 200억 원에 인수하는 방법으로 부당 지원하였다. 동양고속이 고속버스 사업으로 꾸준히 번 돈을 주주자본이라고 생각한 투자자는 '닭 쫓던 개' 격이 되고 말았다.

〈그림 16-8〉 동양고속 주가(주봉) 차트 (2008~2011)

출처 : 키움증권

동양고속은 매년 꾸준한 현금흐름을 창출하는 알짜 회사였다. 그러나 차곡차곡 모아둔 현금을 계열사에 넘겨주는 순간 주주들은 실망할 수밖에 없었다.

(3) 단일 판매 · 공급 계약

금융감독원은 최근 사업연도 매출액의 10%를 초과하는 수주 사실은 '단일 판매 · 공급 계약 체결'에 공시하도록 규정하고 있다. 이러한 대규모 수주공시는 투자자들을 흥분시키기에 충분하다. 그러나 이 또한 스스로의 눈으로 다시 바라보기 바란다.

다음 공시를 보자.

〈그림 16-9〉

1. 판매 · 공급계약 물건		K21 자동변속기 등 공급계약
2. 계약내역	계약금액	134,190,429,395원
	최근매출액(원)	435,012,986,525원
	매출액 대비(%)	30.85%
	대규모법인여부	미해당
3. 계약상대		두산디에스티(주)
-회사와의 관계		-
4. 판매 · 공급지역		국내
5. 계약기간	시작일	2010-01-13
	종료일	2012-11-16
6. 주요 계약조건		방위산업의 보안상 수량 등 자세한 사항은 기재를 생략함
7. 계약(수주)일자		2010-01-13

출처 : S&T중공업 단일 판매 · 공급 계약 체결 (2010.01.14)

차축 | 바퀴를 통해 차량의 무게를 지지하고 바퀴에 동력을 전달하는 장치.

S&T중공업은 군용 차량과 무기 체계의 변속기와 차축을 주력으로 생산하는데, 차기 육군 무기 체계 중 K2 흑표전차와 K21 보병전투장갑차의 부품도 수주하였다. 계약금액은 1,342억 원으로 최근 매출액 대비 약 31%에 달한다. 그러나 단일 판매 · 공급 계약 공시에서 계약금액과 함께 가장 먼저 확인해야 할 숫자는 '계약 기간'이

다. 계약금액을 계약 기간에 안분해 보자. 약 2년 10개월의 계약 기간으로 안분 후 S&T중공업의 연간 매출액 증가분은 447억 원으로 2009년 매출액의 10% 수준에 그친다.

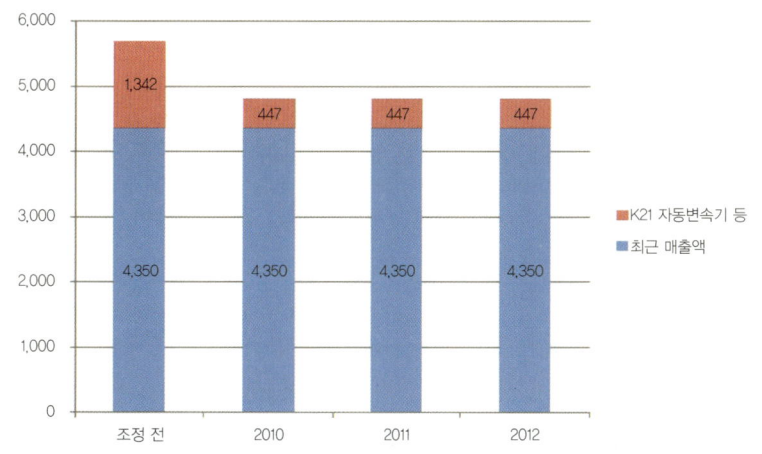

〈그림 16-10〉 S&T중공업 K21 자동변속기 수주 후 추정 매출액 (단위 : 억 원)

출처 : 전자공시시스템, 더퍼블릭인베스트먼트

수주산업의 특성상 단일 판매·공급 계약을 공시할 때마다 정리해 두면 실적을 미리 짐작할 수 있다. 대규모 수주를 했을 때도 주가가 반짝 오를 수 있지만, 그 사실이 많은 투자자들에게 잊혀질 때쯤 포괄손익계산서에는 차곡차곡 이익이 쌓이고 결국 주가도 따라 움직일 것이다. 그래서 건설업이나 조선업 같은 전통적인 수주산업은 사업보고서에 수주 상황을 공시하기도 한다.

한신공영 민간 부문을 예로 들면 3조 1,000억 원의 수주를 했고, 아직 매출로 발생하지 않은 수주잔고는 2조 원이다. 공사기간이 짧게는 1년 4개월, 길게는 2년 7개월인 것으로 볼 때, 추가 수주가 없

자율공시 | 상장법인의 공시 능력을 제고하고자 주요 경영 사항 이외의 사항에 관하여 상장기업의 자율적인 판단에 의해 당해 기업에 관한 주요 경영상의 정보 등을 공시할 수 있는 제도. 대표적으로 공시의무사항의 공시의무비율(단일판매·공급 계약의 경우 10% 이상) 미만 사항 등이 포함된다.

더라도 앞으로 2년 정도는 연 1조 원의 매출을 발생시킬 수 있다. 또 직전 사업연도 매출액의 10% 미만의 계약은 공시 의무 사항이 아니지만, 업종의 특성상 작은 계약을 여러 번 하는, 수주 빈도가 높은 회사를 분석한다면 '자율공시'도 정리해 두면 좋다. '가랑비에 옷 젖는 줄 모른다'는 말도 있듯이 작은 규모라고 해서 무시했다가 자기도 모르는 사이에 주가는 오르고 나중에 후행하는 실적만 보고 후회할 수 있다.

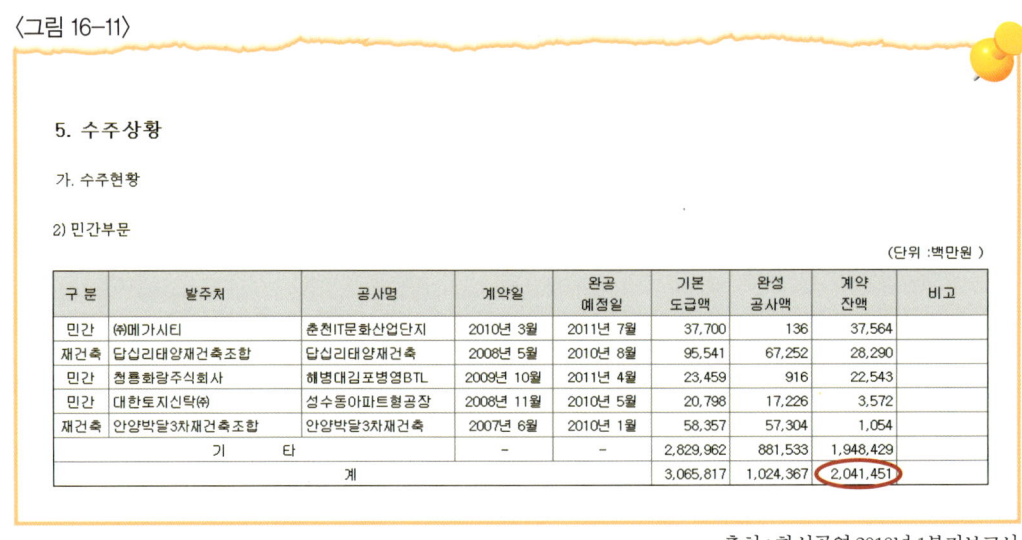

〈그림 16-11〉

출처: 한신공영 2010년 1분기보고서

그러나 무작정 수주잔고를 맹신해서는 안 된다. 계약이 파기될 수도 있기 때문이다. 실제 계약까지 이루어지고 나서 파기되는 것은 자주 있는 경우는 아니지만, 전방 산업의 경기가 나쁠 때는 가끔 발생한다. 계약 상대방 입장에서도 당장의 현금 유동성이 막히거나, 만들면 만들수록 적자가 확대되는 업황 속에서는 위약금 등 일부 제재를 무릅쓸 수밖에 없는 상황이 오기도 한다.

이테크건설은 2011년 7월 OCI 폴리실리콘 공장인 P4 Project를 수주하였다. 전년 매출액 대비 92.6%의 대규모 공사였다. 이테크건설은 OCI 그룹 내 건설회사로서 OCI가 태양광용 폴리실리콘 사업을 시작한 이래 모든 공장 건설을 도맡아 왔다.

〈표 16-3〉 이테크건설 주요 수주 현황 (단위 : 억 원)

발주처	공사명	계약잔액	전체 수주잔고 대비
OCI	P4 Project	5,947	47.7%
OCI 외 관계회사		351	2.8%
기타		6,167	49.5%
계		12,465	100.0%

출처 : 이테크건설 2011년 사업보고서, 더퍼블릭인베스트먼트

그러나 폴리실리콘 가격이 급락하면서 OCI가 어려워지자, 수주 계약과 계열 관계 모두 무의미해졌다. 결국 OCI는 P4 Project를 무기한 연기하였고, 당연히 이테크건설의 수주잔고도 허공으로 날아갔다.

다음 페이지에 연이어 나오는 〈그림 16-12〉, 〈그림 16-13〉 그리고 주가 차트를 옮긴 〈그림 16-14〉는 이 같은 상황을 잘 보여주고 있다.

〈그림 16-12〉

1. 제목	단일판매·공급계약체결의 진행사항
2. 주요내용	1. 계약내용 1) 계 약 명 : P4 Project 건설공사 2) 계약금액 : 614,570,000,000원 (매출액대비 92.6%) 3) 계약상대방 : OCI주식회사 4) 계약기간 : 2011.07.14 ~ 2012.10.31 2. 진행사항 1) 계약상대방(OCI주식회사)이 유럽재정위기 심화, 태양광산업의 급격한 시황변동 등 악화된 사업환경과 투자 효율성을 고려하여 투자를 잠정적으로 연기함에 따라 당사(이테크건설)는 계약상대방과 협의하여 상기 계약건과 관련한 공사를 중단하기 위한 마무리 작업을 진행하고 있습니다. 2) 해당 계약건과 관련하여 계약변경, 계약 중도해지(타절) 등 여러방안을 계약상대방과 협의하고 있으며, 결정사항은 향후에 재공시 할 예정입니다.
3. 결정(확인)일자	2012-07-12
4. 기타 투자판단에 참고할 사항	1. 상기 계약내용의 계약금액은 부가세 포함금액임 2. 상기 계약내용의 계약기간은 공사기간임 3. 상기 계약건과 관련된 계약상대방의 투자계획은 계약상대방이 공시한 정정신고(유가증권시장, 신규시설투자 등/2012.05.18)를 참고하시기 바람
	※관련공시 2011.07.14 단일판매·공급계약체결

출처 : 이테크건설 기타 주요 경영 사항 (2012.07.12)

〈그림 16-13〉

정정신고(보고)		
정정일자		2013-05-15
1. 정정관련 공시서류	신규시설투자등	
2. 정정관련 공시서류제출일	- 최초공시일 : 2010.12.08 - 정정신고일 : 2012.05.18	
3. 정정사유	태양광 산업의 급격한 시황 변동 등 악화된 사업환경과 투자 효율성을 고려하여 잠정연기한, 폴리실리콘 제4공장 투자재개를 태양광 산업 업황이 회복되는 시점까지 잠정연기 계속	
4. 정정사항		
정정항목	정정전	정정후
7. 기타 투자판단에 참고할 사항	7. 향후 투자재개와 관련하여 1년 이내 재공시 예정 (2013.05.16까지)	7. 향후 투자재개와 관련하여 1년 이내 재공시 예정 (2014.05.14까지)

출처 : OCI 신규 시설 투자 등 (2013.05.15)

〈그림 16-14〉 이테크건설 주가(주봉) 차트 (2010~2013)

출처 : 키움증권

 이테크건설은 관계회사 OCI의 폴리실리콘 공장 공사를 도맡으면서 함께 성장해 왔다. 그러나 2011년 이후 태양광 업황이 나빠지고 OCI가 예정했던 공사를 모두 취소 또는 연기하면서 수주잔고와 주가 모두 내림세를 걸었다.

(4) 최대주주 변경

"최대주주와 같은 배를 타라"는 말은 이 책에서 가장 많이 강조한 내용이다. 그들의 속마음을 알아채기 위해 갖은 노력을 해야 하는 상황에서 최대주주가 변경되었다는 것은 당연히 주목해야 할 부분이다.

아비스타의 공시를 살펴보자.

〈그림 16-15〉

1. 변경내용	변경전	최대주주등	김동근외 4인
		소유주식수(주)	4,852,972
		소유비율(%)	48.53
	변경후	최대주주등	위해방직집단수출입유한책임공사외 3인
		소유주식수(주)	7,757,242
		소유비율(%)	59.67
2. 변경사유			3자배정 유상증자 및 구주양도
3. 지분인수목적			경영참여
-인수자금 조달방법			-
-인수후 임원 선·해임 계획			정기주주총회에서 임원선임예정
4. 변경일자			2012-12-20
5. 변경확인일자			2012-12-20
6. 기타 투자판단에 참고할 사항			2012.12.17 주요사항보고서(유상증자결정) 2012.11.26 주식등의 대량보유상황보고서(김동근, 위해방직집단수출입유한책임공사)

출처 : 아비스타 최대주주 변경 (2012.12.20)

아비스타는 BNX, Kai-aakmann, TANKUS 등 캐주얼 의류를 생산하는 업체이다. 그런데 2012년 12월 최대주주가 김동근 대표이사에서 위해방직집단수출입유한책임공사로 변경되었다. 위해방직집단수출입유한책임공사는 중국 최대 패션의류 수출기업 디샹그룹의 자회사이다. 아비스타는 대부분의 브랜드가 하락 일로여서 최대주주는 가능한 빠른 시점에 회사를 매각하고 싶었을 것이다.

그리고 디샹그룹은 'made in Korea' 제품으로 최근의 한류 열풍을 누리고 싶었을 것이다. 서로 윈윈이다. 아직 기존의 BNX 매장 외 본격적으로 중국에 진출하지는 않았지만 시간의 문제이다. 이랜드, 베이직하우스의 성공 사례를 기억하는 투자자라면 향후 행보에 관심을 가질 만하다.

최대주주 변경이 회사를 망가뜨린 사례도 있다. 위폐감별기를 생산하는 업체인 에스비엠은 2012년 3분기 말 기준 순현금이 219억 원으로 자본총계의 60%를 상회하고, 분기 누적 순이익은 60억 원에 달하는 우량기업이었다.

그런데 삼성전자 연구소 출신으로 30년간 일만 해온 최종관 사장은 많이 지쳐 있었던 것 같다. 그래서인지 오랜 기간 키워 온 회사를 (주)트루트라이엄프에 매각한다.

다음 페이지에 나오는 〈그림 16-16〉은 이와 관련된 공시로, 최대주주 변경을 수반하는 주식 양수도 계약 체결 사실을 담고 있다.

〈그림 16-16〉

1. 계약 당사자	-양도인	최종관	회사와의 관계	최대주주 본인
	-양수인	주식회사 트루트라이엄프	회사와의 관계	-
2. 계약 내역	양수도 주식수(주)	2,852,737		
	1주당 가액(원)	9,184		
	양수도 대금(원)	26,200,000,000		
-양수도 대금의 지급일정 및 지급조건 등에 관한 사항		1. 매수인이 매도인에게 지급해야 할 매매대상주의 매매대금은 이백육십이억 원(₩26,200,000,000)으로 한다. 2. 매수인은 본 조 제 1항에서 정한 매매대금을 다음과 같은 방법으로 매도인에게 지급한다. 1) 매수인은 본 계약 체결 일에 이십칠억 원(₩2,700,000,000)을 계약금으로 매도인에게 지급한다. 매도인은 계약금 수령 후 매수인에게 매매대상주식 중 293,984주를 교부한다. 2) 매수인은 본 조 1항의 매매대금 중 계약금을 제외한 잔금 이백삼십오억 원(₩23,500,000,000)을 대상회사의 경영권 양수도와 관련하여, 매수인이 지정한 이사 등을 선임할 대상회사의 임시주총 개최일 3영업일 전일에 매도인이 지정한 법무법인 또는 금융기관에 에스크로 한다. 단 매도인과 매수인이 에스크로 외에 별도의 방식에 합의할 경우 그 방식에 따르기로 한다.(이하 별도의 방식을 포함하여 "에스크로 등" 이라 함) 3) 매도인은 매매대금 잔금이 매도인이 지정한 법무법인 또는 금융기관에 에스크로 등이 되었음을 확인한 즉시 매매대상주식 중 제1호에 따라 매수인에게 교부한 293,984주를 제외한 나머지 주식 2,558,753주의 주권을 매수인이 지정한 법무법인 또는 금융기관에 에스크로 등을 한다. 3. 본 조 2항의 2) 및 3)에 따른 법무법인 또는 금융기관의 지정은 2항의 2) 기재 임시주총 개최일로부터 20영업일 이내에 지정하기로 하고, 그에 따른 에스크로 계약은 별도로 체결한다.		

▶ 이어집니다.

	4. 잔금지급일은 임시주총일로 하며 매도인은 임시 주총에서 매수인이 지정한 이사 등이 대상회사의 이사 등으로 선임되어 에스크로 등의 계약이 해제되어 매매대금 전액이 매도인이 지정한 계좌로 입금되는 즉시 매수인에게 매매대상주식 잔량을 에스크로 등에서 인출하여 교부하기로 한다.
-양수도 주식의 보호예수 여부	아니오
3. 변경예정 최대주주	주식회사 트루트라이엄프
-변경 예정일자	2013-01-11
-예정 소유주식수(주)	2,852,737
-예정 소유비율(%)	19.22
4. 계약일자	2012-11-29

출처 : 에스비엠 최대주주 변경을 수반하는 주식 양수도 계약 체결 (2012.11.29)

문제는 그 다음부터 벌어진다. 사실 (주)트루트라이엄프는 에스비엠을 인수할 자금이 부족했고 고리의 사채를 이용해 LBO Leveraged Buy Out를 한 것이다. 그 후 상환 압력에 시달리자 급기야 횡령까지 저지른다. 인수대금과 회사의 보유현금이 각각 262억 원, 219억 원으로 유사한 금액인 것도 우연의 일치는 아닐 것이다. 횡령에 대해 좀더 자세히 언급하자면, 최대주주 명의로 존재하지도 않는 가상의 부동산을 꾸며 놓고 회사가 해당 부동산을 매입하는 형식을 취해 최대주주에게 현금을 지급하는 방식이었다. 결국 우량기업이었던 에스비엠은 현재 상장폐지되었고, 이후 최대주주도 두 차례나 더 변경되었다.

LBO | 금융기관 차입부 기업 매수.

〈그림 16-17〉

1. 취득목적물		서울시 금천구 독산동 953 삼부르네상스플러스 지하2층, 지하1층, 1층, 2층
2. 취득내역	취득금액(원)	18,000,000,000
	자산총액(원)	34,967,397,486
	자산총액대비(%)	51.47
3. 거래상대방		주식회사 인앤아웃에이엠씨, 김금순, 이호재, 김중일, 김금자
-회사와의 관계		-
4. 취득목적		1. 자사 건물 사용공간(Space)부족 및 현재 임차건물의 임대차계약 만료에 따른 이전 2. 자사 건물 취득을 통한 임직원 생활환경 개선
5. 취득예정일자		2013-04-30
6. 이사회결의일(결정일)		2013-03-20
-사외이사 참석여부	참석(명)	1
	불참(명)	1
-감사(사외이사가 아닌 감사위원) 참석여부		불참
7. 공정거래위원회 신고대상 여부		미해당
8. 기타 투자판단에 참고할 사항		1. 상기 '2.취득내역'의 '자산총액'은 당사의 최근 사업연도말(2011년 12월 31일) 한국채택 국제 회계기준(K-IFRS)에 따른 개별 재무제표 기준 금액입니다. 2. 상기 '5.취득예정일자'는 잔금지급일 기준입니다. ※관련공시 -

출처 : 에스비엠 유형자산 취득 결정 (2013.03.21)

〈그림 16-18〉

정 정 신 고 (보고)

2013년 05월 09일

1. 정정대상 공시서류 : 주요사항보고서(중요한 자산양수도 결정)

2. 정정대상 공시서류의 최초제출일 : 2013.03.21

3. 정정사항

항 목	정정사유	정정전	정정후
주요사항보고서 (표지)	대표이사 변경	강호균	신영진
II. 보고 내용 3. 진행경과 및 일정	1. 전 경영진의 불법행위로 인한 계약금 미지급에 따른 허위 계약임을 확인 2. 매도인과의 부동산 계약 합의 해제	가. 이사회 결의일 : 2013년 3월 20일 나. 자산양수도 계약일 : 2013년 3월 20일 다. 주요사항보고서 제출일 : 2013년 3월 21일	가. 이사회 결의일 : 2013년 3월 20일 나. 자산양수도 계약일 : 2013년 3월 20일 다. 주요사항보고서 제출일 : 2013년 3월 21일 라. 양수도계약 해지일 : 2013년 04월 29일 마. 기타 사항 전 경영진의 불법행위로 인한 계약금(50억) 미지급에 따른 허위 계약임을 확인하였으며, 매도인과 자산양수도계약을 합의 해제하였습니다. 본 매매 계약을 이용한 전 경영진의 불법행위에 대하여, 수사당국을 통해 수사가 진행중에 있으며, 계약금 상당액(50억)은 수사 결과에 따라 손실처리 될 수 있습니다
II. 보고 내용 4. 자산 양수도 가액 및 산출근거		가. 자산양수도 가액 : 18,000,000,000원 나. 평가방법, 평가내용 등의 내용은 본 보고서 제출일 현재, 외부평가기관으로부터 평가의견서가 접수되지 않은 바, 기재하지 못하였습니다.(삭제)	가. 자산양수도 가액 : 18,000,000,000원
II. 보고 내용 5. 자산양수·도 가액의 적정성에 대한 종합평가 의견		- 자산양수·도 가액의 적정성에 대한 종합평가의견은 본 보고서 제출일 현재, 외부평가기관으로부터 평가의견서가 접수되지 않은 바, 기재하지 못하였습니다.(삭제)	-
II. 보고 내용 7. 기타 투자자 보호에 필요한 사항		본 보고서는 제출일 현재, 외부평가기관으로부터 평가의견서가 접수되지 않은 바, 중요사항을 기재하지 못하였습니다.	전 경영진의 불법행위로 인한 계약금(50억) 미지급에 따른 허위 계약임을 확인하였으며, 매도인과 자산양수도계약을 합의 해제하였습니다. 본 매매 계약을 이용한 전 경영진의 불법행위에 대하여, 수사당국을 통해 수사가 진행중에 있으며, 계약금 상당액(50억)은 수사 결과에 따라 손실처리 될 수 있습니다. 본 건과 관련하여, 아래의 관련 공시 내용을 참조하시기 바랍니다. ※ 관련 공시 - [기재정정]유형자산취득결정(2013.04.30) - 기타 주요경영사항(유형자산 취득 관련 계약 해제)(2013.04.30) - 기타 주요경영사항(자율공시)(전 대표이사 김철수 외 3인에 대한 횡령 배임 등 고소장 제출)(2013.04.19) - 횡령 배임 혐의발생(2013.04.10)

출처 : 에스비엠 주요 사항 정정보고서(중요한 자산 양수도 결정)

(5) 투자설명서

새로 증권을 발행할 때나 상장을 할 때에는 투자설명서를 제출하도록 되어 있다. 이때가 기업들이 투자자에게 가장 협조적인 때이다. 한국거래소와 같은 감독기관으로부터 승인을 받고, 투자자들로부터 높은 평가를 받아 최대한 좋은 조건으로 자금을 유치하기 위함이다. 자금 수요가 없어 자진 상장폐지를 신청하는 회사와 정반대 개념이다.

투자설명서는 보통 해당 증권의 청약에 관심이 있을 때만 보는 자료라고 생각한다. 그러나 앞서 이야기했듯 투자자들의 비위를 맞추기 위해 최대한 자세한 정보를 기재하는 해당 산업의 보물창고라고도 볼 수 있다. 시간이 지나면서 사업보고서상 '사업의 내용'은 점점 간략해지고 일반론만 담겨 기업 분석에 큰 도움이 되지 못한다. 그때 과거의 투자설명서는 힘을 발휘한다.

투자설명서는 '모집 또는 매출에 관한 사항'과 '발행인에 관한 사항'으로 나뉜다. 그 중 '모집 또는 매출에 관한 사항 – 투자 위험 요소', '발행인에 관한 사항 – 사업의 내용 – 회사의 성장 과정'은 일독을 권한다.

투자 위험 요소는 전자공시의 모든 서술형 자료 중 가장 솔직하고 보수적인 내용이다. 각각의 항목에 대해서 점검한 후 투자한다면 손실을 볼 위험은 크게 줄어들 것이다. 회사의 성장 과정은 간추린 연혁이라고 할 만한데 시장 상황에 대한 설명이 곁들여져 있어 산업의 흐름을 짚는 데 유용하다.

알파칩스의 투자설명서를 살펴보자.

〈그림 16-19〉

1. 사업위험

가. 당사의 주요 전방산업인 모바일, Security, 통신용 부품(Wibro/DMB/Mobile TV), Display 시장 등의 전방산업의 경기 변동에 따라 부정적인 영향을 받을 수 있습니다.

나. 당사는 삼성전자(주)와 Design Partner 계약을 체결하고 있으며, 삼성전자(주)의 생산라인을 이용하여 생산제품 전량을 외주가공하고 있어 향후 삼성전자(주)와의 계약관계 유지 및 외주가공단가의 변동 등에 따라 당사의 매출과 수익성은 영향을 받을 수 있습니다.

다. 향후 당사가 독자적인 제품개발을 할 경우 개발한 제품이 완성품의 개발실패 또는 시장성 상실로 인하여 매출로 이어지지 않을 경우 당사의 영업은 영향을 받을 수 있습니다

라. 당사의 핵심기술인력의 퇴직 또는 필요에 맞는 인력의 채용이 힘들 경우 당사의 영업은 영향을 받을 수 있습니다.

마. 제품 및 기술과 관련하여 분쟁 또는 소송이 발생할 경우, 당사의 영업은 영향을 받을 수 있습니다.

2. 회사위험

가. 당사의 2009년말 매출채권회전율은 업종평균보다 다소 상회했으나 2010년 상반기 매출채권회전율은 낮아졌습니다. 이는 상반기 매출액이 증가함에 따라 매출채권이 증가한데 기인하나 전년대비 매출채권이 큰폭으로 증가하였으므로, 당사 전방산업의 장기적인 불황이나 거래관계에 있는 기업의 부실화가 진행될 경우 매출채권회수가 지연되거나 회수되지 못하여 영업활동으로 인한 현금흐름에 부정적인 영향을 미칠 위험이 있습니다.

나. 당사의 2009년말 부채비율은 118.01%, 2010년 상반기 부채비율은 123.40%로 업종평균 대비 높으나 차입금의존도는 업종평균대비 낮은 수준입니다. 그러나 향후 영업 기타 이유로 지급능력이 악화된다면, 회사의 재무상태에 부정적인 영향을 미칠수 있습니다

다. 당사는 국내 시스템반도체 시장에서 독보적인 위치를 점하고 있으나, 당사와 유사한 대만의 GUC나 FARADAY에 비교할때 아직 해외에서는 그 영향력이 미미한 실정입니다. 이에 당사는 해외 주재원 경험이 많은 고급엔지니어와 해외제품을 성공적으로 개발한 경험을 바탕으로 해외시장으로의 비지니스 영역을 확대할 예정입니다. 그러나 해외시장 개척이 실패할 경우 해외시장 진출 관련 투자비용이 당사의 영업성과 및 재무상황에 부정적 요인으로 작용할 수 있습니다.

출처 : 알파칩스 투자설명서 (2010.09.02)

〈그림 16-20〉

(2) 회사의 성장과정

당사는 2002년 11월 22일에 반도체 설계 및 개발 등을 목적으로 설립되었으며, 주문형반도체(ASIC) 설계 및 개발을 주요 영업으로 하고 있습니다. 또한 2003년 12월 벤처기업육성에 관한 특별조치법 제25조의 규정에 의한 벤처기업 등록 후, 매년 갱신하고 있으며, 당기 말 현재 경기도 성남시 분당구 정자동 25-1번지 킨스타워 12층에 본사를 두고 있습니다.

당사의 성장과정은 시기별로 설립시, 성장기, 상장 신청시로 분류하였으며 내용적인 측면으로는 시스템반도체 사업화 단계, 사업 성장 단계, 사업 확장 단계로 볼 수 있습니다.

구분	시장 여건	생산 및 판매활동 개요	영업상 주요전략
설립시	(2002.11 ~ 2004.06) ● DVR & Security 시장 성장 ● Digital-TV 보급 확대 ● 반도체 공정 발전 속도 심화(0.35um > 0.13um)	● DVR & Security 제품 개발 기술지원 및 공급 ● Digital-TV 화질 개선 제품 개발 기술지원 ● MP3 & Car Audio 제품 개발 기술지원 및 공급	● 삼성전자와 Design Partner 계약 체결(2003.3) ● 설계부터 조립 및 테스트까지 Turnkey Solution 제공 결정 ● 0.13um 제품 최초 개발 및 1st. Silicon-Pass달성
성장기	(2004.07 ~ 2008.12) ● Mobile Phone & Multimedia 시장 확대 및 급성장 ● Mobile & Wireless Internet 시장 조성 ● 반도체 미세 공정 등장(0.13um > 65nm)	● Mobile 주력 제품 개발 기술지원 및 공급 확대 ● Wibro/Wi-Fi 제품 개발 기술지원 및 공급 개시 ● ARM Platform 기반의 SoC 제품 개발 및 공급(국책 사업) ● 핵심 IP 자체 개발 및 공급	● 90nm/65nm 제품에 대해 빠른 TAT와 Chip Size 구현으로 경쟁력 확보 ● IP 및 Platform 기반의 New Business 영역 구축 및 확대 ● 국내 Tier-1 고객확보로 안정적인 매출 성장 달성
상장신청시	(2009.1 ~ 상장 신청시) ● Mobile 제품의 융합화 (Camera + Multimedia + Display) ● Display 제품 급성장 (LCD-TV, Smart Phone) ● 제품의 고집적화 및 저전력화(45nm 첨단공정 Needs 확대)	● 45nm Mobile Multimedia 복합칩 최초 개발 기술지원 진행 중 ● LCD 제품 설계 및 부품 개발 기술지원 확대 ● 45nm 핵심 Analog IP 개발 및 첨단제품 개발 확대 진행 중	● 국내 45nm Mobile 제품 개발 기술지원 및 공급 ● 안정적인 매출 성장 기반 확보(대기업 LCD 핵심 제품) ● Level-0 Business Model 확대로 미래의 매출 성장 기반 조성

출처 : 알파칩스 투자설명서 (2010.09.02)

현가장치 | 노면의 충격이 차체나 탑승자에게 전달되지 않게 충격을 흡수하는 자동차의 구조장치.

열간 | 금속을 가열로에 넣고 재결정 온도보다 높게 가열한 후 가공하는 것. 냉간 가공보다 적은 힘으로 가공할 수 있으며 재질이 균일한 것이 특징이다. 단조(해머 등으로 두들기거나 가압하는 기계적 방법)가 대표적이다.

관심 있는 회사에 대해 알쏭달쏭했던 퍼즐이 경쟁사나 전·후방 업체가 상장을 하면서 해결되기도 한다. 대원강업은 자동차 현가장치용 스프링을 제작한다. 이 스프링은 본래 열간 가공으로 많이 생산되는데 최근 차량 경량화 추세에 따라 냉간 가공 방식의 채용이 늘고 있다. 대원강업에 냉간 코일 스프링용 주원료인 IT$_{\text{Induction heat and Tempered}}$ 와이어$_{\text{Wire}}$를 공급하는 회사가 DSR제강이다.

| 냉간 | 금속을 재결정 온도보다 낮은 온도에서 가공하는 것. 열간 가공과 같은 큰 변형을 시키기는 어려우나, 정밀한 다듬질이 가능하다.
| IT 와이어 | 고주파 열처리를 통해 냉간 성형에 적합한 형태로 가공된 선재.

〈그림 16-21〉

나. 연구개발 실적

사업연도	최근 3사업년도 중 완료된 연구개발 활동 성과		
	연구과제	연구결과	연구결과가 반영된 제품
2009년	OT Wire 개발	1) 열처리 및 신선기술 확보 2) OT Wire 2 ~ 8mm 양산	1) 각종 기계류의 부품용 스프링 2) 직선성이 요구되는 부품 등
	특수로프 개발	1) Rotation-resistant Wire Rope 2) 특수 코팅 Wire rope	1) 각종 특수크레인용 Wire Rope
2010년	Zinclume(Zn-5%Al) Wire & Wire Rope 개발	1) 도금기술 및 신선기술 확보 - Zn-5%Al합금 조성으로 기존 Zinc도금 대비 3~4배의 내식성 향상됨 2) Wire 0.5 ~ 2mm 양산 Wire Rope 6x24+FC 양산	1) 내식성이 요구되는 각종 스프링 2) Fishing용 Wire Rope
2011년	IT Wire 개발	1) 열처리 및 신선기술 확보 2) IT Wire 8 ~ 16mm 양산	1) 각종 기계류의 부품용 스프링
	극태물 Wire Rope 개발	1) 열처리, 도금 및 신선기술 확보 2) 연선 및 크로싱기술 확보 3) 극태물 Wire Rope 양산	1) 해양 유전용 Wire Rope
2012년	OT Wire 개발	1) OT Wire 이형선 제조기술개발 2) Valve용 OT Wire 개발	1) 6각 OT 이형선 2) Valve용 OT Wire
	극태물 Wire Rope 개발	1) ZZZ Grade 개발	1)고강도 해양 유전용 Wire Rope
2013년	SUSPENSION용 IT WIRE 개발	1) ECT 검사활용 2) 열처리 및 신선 기술확보	SUSPENSION용 스프링

출처 : DSR제강 2013년 반기보고서

DSR제강에 투자하려면 고객사인 대원강업의 시장 지위가 확고한지, IT 와이어의 예상 판매 단가는 어느 정도인지 분석할 필요가 있다. 그러나 대원강업은 상장한 지 벌써 40년이 넘어서인지 사업보고서에 공개하는 내용이 제한적이다. 그런데 경쟁사인 삼목강업이 상장을 하면서 퍼즐이 맞추어졌다.

〈그림 16-22〉

< 당사 시장점유율 (생산수량 기준) >

(단위: 천원)

구분	2009년	2010년	2011년	2012년
코일스프링	20.8%	16.3%	17.7%	16.8%
겹판스프링	9.8%	10.5%	10.8%	11.0%
합계	18.7%	14.9%	16.3%	15.6%

나. 주요 매입처에 관한 사항

(단위: 백만원)

구분	구입처	2009연도 (제40기)	2010연도 (제41기)	2011연도 (제42기)	2012연도 (제43기)
평철	삼원강재	9,295	11,230	13,009	15,567
	싱청스틸 (중국)	1,936	3,275	2,691	2,060
선재 (열간)	포스코특수강	4,839	5,021	5,543	4,724
	포스코P&S	4,696	4,468	3,072	2,383
선재 (냉간)	오.씨.에스	1,788	3,207	7,124	9,094
합계		22,554	27,201	31,439	33,828

주: 평철과 선재는 각 업체별로 장기 공급계약을 체결하여 수급하고 있습니다. 냉간 선재의 경우 당사가 지분을 45% 보유한 (주)오.씨.에스가 (주)삼화강봉으로부터 냉간 소재를 구매하여 반제품 형태로 당사에 공급하고 있습니다.

다. 원재료 가격변동추이

(단위: 원 / 톤)

구분			2009연도 (제40기)	2010연도 (제41기)	2011연도 (제42기)	2012연도 (제43기)
국내	평철		1,197,591	1,239,478	1,369,036	1,387,591
	선재	열간	1,008,514	1,091,772	1,252,816	1,267,080
		냉간	2,541,761	2,990,013	3,341,126	3,689,390
수입	평철		841,935 (USD 659.62)	861,754 (USD 745.29)	951,016 (USD 858.23)	940,306 (USD 813.20)
합계			5,589,801	6,183,017	6,913,994	7,284,367

주: 상기 가격은 연도별 원재료 매입액을 매입 중량으로 나누어 산출하였습니다.

출처 : 삼목강업 투자설명서 (2013.04.16)

삼목강업 투자설명서에는 코일 스프링 시장점유율, 냉간 선재 매입 금액 및 매입 가격까지 상세히 나와 있다. 일단 삼목강업의 시장점유율이 축소되고 있는 것으로 볼 때, 대원강업의 경쟁우위가 있다고 볼 수 있다. 그렇다면 DSR제강이 좋은 제품만 만들어 낸다면 판매에는 문제가 없을 것이다. 관련업계에 따르면 그 규모는 최대 현재 IT 와이어를 독점하고 있는 삼화강봉의 생산량 3만 6,000톤에서 삼목강업의 매입량 2,500톤을 제한 3만 3,500톤에 이를 것이다. 여기에 과거 4년 평균 가격인 314만 원을 곱하면 1,000억 원을 상회하는 시장이다.

〈표 16-4〉 DSR제강 최대 시장 규모 추정

구분	수치	비고
삼화강봉 생산량	36,000톤	IT 와이어 시장점유율 100%
삼목강업 매입량	2,467톤	
냉간 선재 매입액	91억 원	
냉간 선재 가격	3,689,390	단위 : 원/톤
대원강업 매입 추정량	33,533톤	
냉간 선재 가격	3,140,573	2009~2012년 평균 (단위 : 원/톤)
DSR제강 최대 시장 규모	1,053억 원	

출처 : 삼목강업 투자설명서, 2013년 반기 검토보고서, 더퍼블릭인베스트먼트

삼목강업이 IT 와이어를 자회사 오.씨.에스로부터 전량 반제품 형태로 구매하기 때문에 특수관계자 거래가 주석 사항에서 빠지지 않는 한 향후 삼목강업의 사업보고서가 간소해지더라도 추적이 가능할 것 같다. 삼목강업이 오.씨.에스로부터 매입한 금액 90억 9,000만 원은 '사업의 내용 – 주요 매입처에 관한 사항'의 냉간 선재

매입액과 정확히 일치한다. 그리고 2012년 오.씨.에스의 매출액은 99억 원으로 거의 모든 매출액이 모회사 삼목강업에 냉간 선재를 공급해서 발생했다고 볼 수 있다. 다음 보고서에서 이를 확인할 수 있다.

〈그림 16-23〉

35. 특수관계자 거래

(1) 회사의 지배.종속회사 등 특수관계자 내역은 다음과 같습니다.

구 분	회 사 명
지배회사	영흥철강(주)
관계회사	(주)오.씨.에스, YOUNGWIRE USA, INC.
기 타	KISCO홀딩스(주), 한국철강(주), 환영철강공업(주), 대흥산업(주), (주)서륭, YOUNGWIRE VINA CO.,LTD, 마산항제5부두운영(주), (주)평리머티리얼, 세화통운(주), (주)대유코아, 영흥태창강사승(유)

(2) 회사와 특수관계자와의 주요 거래 내역 및 보고기간종료일 현재 동 특수관계자에 대한 채권·채무의 잔액은 다음과 같습니다(단위: 천원).

2012년	매출 등	매입 등	채 권	채 무
지배회사				
영흥철강	-	192,920	127,200	-
관계회사				
(주)오.씨.에스	975,300	9,094,494	58,543	773,016
기타				
(주)평리머티리얼	91,014	-	-	-
세화통운(주)	-	899,040	-	167,430
계	1,066,314	10,186,454	185,743	940,446

(3) 관계기업에 대한 주요 재무정보는 다음과 같습니다(단위: 천원).

2012.12.31	자산	부채	매출액	당기순손익	총포괄손익
(주)오.씨.에스	2,714,362	968,928	9,897,028	433,051	431,222
YOUNGWIRE USA, INC.	578,220	261,248	30,341	(4,452)	(19,056)

출처 : 삼목강업 2012년 감사보고서

(6) 알고 보면 큰 도움 안 되는 공시들

'특허권 취득'과 '자산재평가 실시 결정'을 반기는 개인투자자들도 일부 있지만, 경험상 기업가치 제고와는 큰 관련이 없다. 우선 특허공시는 늘 하던 회사만 한다. 특허를 취득하더라도 조용히 넘어가는 회사도 많다. 일종의 IR 정책과도 같은 것이다. 또 대다수의 특허는 사업적으로 경제적 해자를 갖추어 주는 것이 아니라 기술자들만의 리그인 경우가 많다. 더 재미있는 것은 핵심 기술이라기보다는 방법론에 가까워 경쟁사들간에 자신의 기술이 좋다고 서로 우기지만 정작 소비자들은 차이점을 느끼지 못할 때도 많다. 오히려 대단한 노하우가 필요한 기술일수록 특허 취득 자체를 꺼리는 경우도 있다. 특허를 출원하려면 기술의 핵심을 공개해야 하고, 언젠가는 효력이 만료되기 때문이다. 따라서 경쟁자가 아무리 똑같은 제품을 만들더라도 시장점유율을 빼앗기 어려운 브랜드나, 전환비용과 같은 진정한 경제적 해자가 있는 기업을 찾는 것이 투자에 도움이 된다.

우리나라의 자산재평가는 차입 여력을 확대하기 위해 부채비율을 낮출 필요성이 있었던 IMF 외환 위기 때와 IFRS를 도입하는 현재 성행 중이다. 자산재평가를 하면 오래 전 취득한 토지나 건물의 장부가가 물가 상승분만큼 오른다. 하지만 회계장부를 기업의 실질에 좀더 가깝게 기록하자는 의미일 뿐, 회사는 아무것도 변하지 않는다. 특히 자산재평가 차익은 재무상태표의 기타포괄손익누계액에 기록되어 갑자기 이익이 늘어나 보이는 착시 현상도 기대하기 어렵고 재평가 자산에 대한 감가상각비의 손비인정 규정도 폐

전환비용 | 소비자가 이용하던 제품이나 서비스를 다른 것으로 전환할 때 발생하는 유·무형의 비용. 회사가 새로 출시하는 제품이나 서비스가 제공하는 이익이 전환비용보다 클 때 경쟁사의 고객을 빼앗아 올 수 있다. 고객 전환비용은 모닝스타의 팻 도시가 지목한 경제적 해자 중 하나이다.

손비인정 | 매출을 발생시키는데 필요한 적법한 경비인지를 판단하는 국세청의 업무권한. IMF 때는 일시적으로 자산재평가에 따른 감가상각비를 손비로 인정하여 법인세 감면 효과를 누릴 수 있었으나, 현재는 규정이 폐지됨.

지되어 정말 저평가된 기업이 자산재평가를 계기로 반짝 주목을 받는 것 외의 의미는 없다. 그리고 반짝 주목을 받을 때 주가 상승의 기쁨을 누리려면 다른 투자자보다 먼저 숨은 자산의 가치를 발견해 투자해 두어야 한다. 효율적인 시장 아래 드러난 차익거래 기회는 금방 사라지기 때문이다

★ 꼭 기억하자 ★

- 기업이 보유한 현금을 가치평가에 반영할 때는 주식시장에 거품이 끼었을 때 뿐이다. 보통 때는 하방경직성 외 다른 역할은 하지 못한다. 오히려 주주들로 하여금 최대주주의 자본 배치에 대해 감시하는 귀찮은 업무를 제공할 뿐이다.

- 한 회사만 자세히 들여다 본다고 해서 분석이 완벽해지는 것은 아니다. 격자 모양을 구성하는 씨실과 날실처럼 가치사슬 내 전·후방 업체와 경쟁사를 동시에 그물망치듯 분석하라.

17장 실전 – 실제 사업보고서 읽기

기업 탐방을 다닐 때 미팅의 대상자는 보통 관리자나 중역으로 필자보다 연장자인 경우가 많다. 그분들께서는 가끔 "골프는 쓸모 있을 때가 있으니 꼭 배워두라"는 조언을 해주신다. 금전적으로 여유가 없다 보니 필드에 나가지는 못하고 틈틈이 실내연습장에 들르는 정도였는데, 최근에는 골프존 덕분에 젊은이들도 부담 없이 골프의 재미를 느낄 수 있게 되었다. 그런데 이제는 스크린골프방이 너무 많이 생겨 포화가 되는 것은 아닌가 하는 우려도 든다. 골프 인구의 확대에 톡톡히 기여하고 또 수혜를 받는 골프존의 사업보고서를 직접 읽어보면서 지금까지 배운 내용을 실제로 적용해 보자.

스크린골프방 | 밀폐된 방마다 골프 시뮬레이터(직접 골프채로 스윙을 하면 센서가 골프공을 인식하여 거리나 방향을 실제 골프장과 유사하게 스크린에 비추어 주는 기기)를 들여 놓고 골프 연습이나 게임을 즐길 수 있게 한 오락시설.

(1) 사업 모델 파악하기

〈그림 17-1〉

2. 주요 제품 등에 관한 사항(연결기준 기재)

가. 주요 제품별 매출 현황
1) 스크린골프 (골프 시뮬레이터) 사업부문

(단위: 백만원, %)

사업부문	품목		2012년 (제13기)		2011년 (제12기)		2010년 (제11기)	
			매출액	비율	매출액	비율	매출액	비율
스크린골프 판매 부문	제품	GS-옵션형	90,159	36.5%	78,876	39.9%	96,147	52.2%
		GS-기본형	58,613	23.7%	58,864	29.7%	52,282	28.3%
		해외판매	10,486	4.2%	8,530	4.3%	-	-
	상품	소모품상품	7,397	3.1%	9,969	5.1%	7,767	4.2%
		유통(*)	-	-	-	-	12,660	6.8%
	기타	온라인서비스	70,387	28.5%	37,049	18.7%	11,548	6.3%
		직영사업	5,284	2.1%	2,214	1.1%	2,145	1.2%
		제휴/광고	3,728	1.5%	2,452	1.2%	1,627	0.9%
		기타	970	0.4%	-	-	132	0.1%
	합계		247,024	100.0%	197,954	100.0%	184,308	100.0%

주1) GS: 골프시뮬레이터(Golf Simulator)
*상기 매출품목 중 유통부문은 2012년부터 별도의 사업부문에 해당되어 2011년, 2012년 유통내역을 제외하였습니다.

출처 : 골프존 2012년 사업보고서

가장 먼저 '주요 제품 등에 관한 사항'을 보았다. 보통 이 항목에는 최근 매출액과 그 비율만 나와 있어 수년간의 흐름을 볼 때는 '매출에 관한 사항'을 보는 것을 권한다. 그러나 골프존은 과거 3개년 수치가 나와 있어 편리하다.

<그림 17-2>

(2) 종속기업의 개요

1) 당기말 및 전기말 현재 종속기업의 현황은 다음과 같습니다.

종속기업명	주요영업활동	법인설립 및 영업소재지	소유지분율 및 의결권비율(%)		결산월
			당기말	전기말	
GOLFZON HK LIMITED	스크린골프방운영	홍콩	100.00	100.00	12월
GOLFZON Japan Co., Ltd.	판매 및 스크린골프방운영	일본	100.00	92.44	12월
㈜골프존네트웍스	A/S	대한민국	100.00	100.00	12월
㈜골프존카운티((구)듄즈골프)	골프장PM 및 운영컨설팅	대한민국	100.00	100.00	12월
GOLFZON China Co., Ltd.	판매 및 스크린골프방운영	중국	100.00	100.00	12월
GOLFZON Canada Inc.	판매 및 스크린골프방운영	캐나다	100.00	100.00	12월
GOLFZON Taiwan Co., Ltd.	판매 및 스크린골프방운영	대만	100.00	-	12월
㈜골프존카운티선운	골프장 운영	대한민국	100.00	-	12월
㈜골프코스디자인그룹 뷰	설계,시공,코스외주관리	대한민국	100.00	-	12월

출처 : 골프존 2012년 연결감사보고서

 〈표 17-1〉

사업 부문	회사명	매출액 (억 원)	
		주요 제품 등에 관한 사항	매출에 관한 사항
스크린골프 판매	골프존 GOLFZON JAPAN GOLFZON TAIWAN GOLFZON CANADA GOLFZON CHINA	2,470	2,470
유지 보수	골프존네트웍스	0	251
골프장 운영 및 컨설팅	골프존카운티 골프존카운티선운 골프코스디자인그룹뷰	0	63
유통사업	골프존	0	398
합 계		2,470	3,182

출처 : 골프존 2012년 사업보고서, 더퍼블릭인베스트먼트

'주요 제품 등에 관한 사항'과 '매출에 관한 사항', 두 항목의 분류 방식이 다른 경우도 있어 퍼즐 맞추듯 비교하면 회사 측에 물어볼 것들이 많아진다. 골프존의 경우 스크린골프 판매 부문은 두 항목이 비슷하나, '매출에 관한 사항'에는 유지 보수, 골프장 운영 및 컨설팅, 유통사업과 같은 연결 기준 사업 부문이 포함되어 있다. 연결 대상 종속회사를 살펴보기 위해 '연결감사보고서-연결재무제표에 대한 주석'을 확인한다. 당기 말 기준 모두 100% 자회사이므로 하나의 개체로 보아도 무방하겠다.

 〈그림 17-3〉 스크린골프 판매 부문 매출액 추이 (단위 : 억 원)

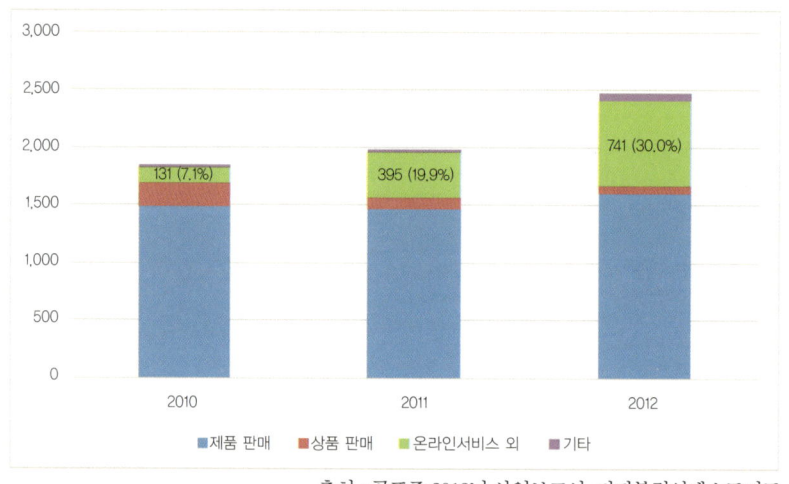

출처 : 골프존 2012년 사업보고서, 더퍼블릭인베스트먼트

골프존은 매출액의 대부분을 국내 골프 시뮬레이터 판매 부문에서 얻고 있음을 알 수 있다. 그런데 스크린골프 판매 부문에서 제품과 상품 이외에 온라인서비스 매출이 빠르게 증가하며 2012년에는 1/3에 달하는 비중을 차지하고 있다. 온라인서비스는 스크린골

프 이용자에게 직접 수취하는 금액으로 게임 시작 시 특정 골프장을 선택하거나 보다 높은 화질의 게임을 선택하는 등 옵션마다 부과되는 일종의 부분 유료화 수익모델이다. 하지만 스크린골프방 요금에 포함되어 과금되므로 이용자에게 심리적 장벽이 낮고 스크린골프방 사업자는 이를 핑계로 기본요금을 올리려는 욕구가 있어 침투가 빠른 것으로 알려져 있다. 골프존 입장에서는 고마진 사업부로 추정된다. 이외에 유통사업과 유지 보수에서도 적지 않은 매출을 올리고 있으며, 아직 비중은 작지만 골프장 운영이나 해외 진출에도 욕심을 가진 것으로 보인다.

> **부분 유료화** | 주로 온라인 게임에 적용되는 과금 방식으로 가입이나 접속은 무료로 허용하고 특수 아이템 구매 등 일부 서비스에 한해 유료로 제공하는 것.

〈그림 17-4〉

가. 사업부문별 요약 재무현황

(1) 당기 및 전기 중 사업부문별의 부문수익 및 이익은 다음과 같습니다.
(당 기)

(단위:천원)

구 분	판매 및 직영	A/S	골프장운영	유통사업	조정 및 제거	합 계
매출액	247,024,457	25,097,238	6,286,383	39,804,147	(28,582,859)	289,629,366
매출원가	90,715,625	22,765,742	2,947,994	34,725,550	(19,530,691)	131,624,220
매출총이익	156,308,832	2,331,496	3,338,389	5,078,597	(9,052,168)	158,005,146
판매비와관리비	82,676,557	1,922,833	2,877,317	10,284,712	(8,758,921)	89,002,498
부문영업손익	73,632,275	408,663	461,072	(5,206,115)	(293,247)	69,002,648
금융수익	17,132,488	218,194	88,729	–	(373,937)	17,065,474
금융비용	2,785,858	33,882	1,007,900	–	(373,937)	3,453,703
기타영업외수익	2,136,838	32,588	405,078	644,236	4,357,161	7,575,901
기타영업외비용	10,557,038	20,593	121,477	551,951	(3,563,673)	7,687,386
지분법투자손익	–	–	–	–	–	–
법인세차감전순이익	79,558,705	604,970	(174,498)	(5,113,830)	7,627,587	82,502,934
법인세비용	8,985,178	120,483			42,679	9,148,340
당기순손익	70,573,527	484,487	(174,498)	(5,113,830)	7,584,908	73,354,594
감가상각비	5,467,914	180,233	457,214	95,828	3,150	6,204,339
무형자산상각비	1,851,552	4,370	22,303	18,857	–	1,897,082

출처 : 골프존 2012년 사업보고서

연결재무제표를 작성하는 기업은 '주요 제품 등에 관한 사항'이나 '매출에 관한 사항' 이외에도 '사업 부문별 요약 재무 현황'을 공시하기도 한다. 각 부문별 사업 모델이나 수익성을 비교할 수 있어 요긴한 부분이다.

 〈표 17-2〉

(억 원)	매출액	비중	영업이익	비중
판매 및 직영	2,470	85.3%	736	106.7%
A/S	251	8.7%	4	0.6%
골프장운영	63	2.2%	5	0.7%
유통사업	398	13.7%	-52	-7.5%
조정 및 제거	-286	-9.9%	-3	-0.4%
계	2,896	100.0%	690	100.0%

출처 : 골프존 2012년 사업보고서, 더퍼블릭인베스트먼트

조정 및 제거 | 연결재무제표를 작성하는 기업이 부문(모기업과 종속기업 또는 종속기업과 종속기업)간 내부 거래가 있을 경우 연결실체의 합산 수치를 계산할 때 이를 차감하는 것.

영업이익을 보면 스크린골프 판매 부문(판매 및 직영)이 기여하는 비중이 훨씬 더 큰 것을 알 수 있다. 여기에서 문득 드는 걱정은 '스크린골프방이 성숙시장이 된다면 골프존의 매출액과 영업이익이 감소하지 않을까?' 하는 점이다. 이 점을 기억하면서 '이사의 경영 진단 및 분석 의견', '영업보고서'를 읽어보자.

다음 페이지부터 거의 다섯 페이지에 걸쳐 소개하는 내용은 실전이라고 생각하고, 비교적 꼼꼼히 읽어보도록 하자. 특히 의문점에 대한 해답을 찾아가는 과정으로 접근하자.

〈그림 17-5〉

2) 신규사업의 내용

(다) 골프 아카데미 서비스 및 골프연습장 제품

기존 골프레슨 시장은 레슨프로가 1 : 1로 직접 레슨하는 방법과 TV, 동영상, 서적 등 대중매체를 이용한 간접적인 레슨 방법이 있습니다. 그러나 현재 진행되고 있는 방식은 시공간적 문제 또는 미디어나 인쇄매체가 지닌 수동적이고 일방적인 강의 등의 문제점을 지니고 있습니다. 당사는 기존 골프레슨의 단점을 보완하기 위해 접근성이 용이한 주요 거점에 골프 시뮬레이터를 활용한 직영점(골프존 아카데미)을 오픈하여 2012년 말 기준으로 15개 직영점을 운영하고 있습니다. 기존 실내연습장과 차별화된 점은 실내에서도 공의 구질 및 방향, 거리 등을 확인할 수 있으며 나스모(나의 스윙모션) 영상을 통해 실시간으로 스윙 자세를 교정할 수 있다는 점입니다.

(2)온라인게임 사업

당사는 스크린골프뿐만 아니라 PC온라인 환경에서도 골프를 즐길 수 있는 환경을 구축한다는 방향을 가지고 골프 온라인게임 개발을 진행하고 있으며, 기본적으로 당사 온라인포털에 가입된 스크린골퍼 이용자를 온라인게임 이용자로 우선 확보하고, 점차적으로 온라인 스포츠게임 이용자뿐만 아니라 필드 골퍼들까지 온라인게임 이용자로 유입하여 다양한 골프문화를 공유할 수 있는 국내 대표 골프온라인 네트워크 형성을 목표로 하고 있습니다.

(3) 골프장 마케팅사업

당사는 현재 골프장정보 및 부킹서비스를 통해 기존 스크린골프고객뿐만 아니라 필드고객까지 확보하고, 골프장 별 마케팅 전략을 개발하여 제공해 줄 수 있는 신규 수익모델을 개발하고 있습니다. 향후 골프장간의 경쟁이 더욱 치열해질 것으로 예상되는 바, 각 골프장들은 차별화된 마케팅 니즈와 온라인 부킹사이트를 이용한 골프고객 확보 등이 필요할 것으로 전망되고 있습니다.

(중략)

8. 경영 전망(연결기준)

스크린골프 (골프시뮬레이터) 사업부문의 경우 2013년은 비전 신제품 교체 수요 증가, 네트워크 서비스 매출 증가로 당사 실적에 긍정적인 영향을 줄 것으로 보입니다. 당사는 2012년 2월에 신규 골프시뮬레이터 'VISION'을 출시하였고, 신규 또

▶ 이어집니다.

는 교체 수요가 꾸준히 올해에도 증대될 것으로 예상됩니다. 또한, 네트워크 서비스의 경우 전체 라운딩수가 꾸준히 증가하고 있으며 다양한 유료 아이템 출시될 예정이어서 당사의 매출 및 영업이익에 긍정적인 영향을 줄 것으로 보입니다.

유지보수사업부문과 인테리어사업부문을 영위하는 당사의 종속회사 ㈜골프존네트웍스는 서비스 유통전문기업으로서 골프시뮬레이터의 신뢰성 및 서비스유지보수 프로세스 구축을 통한 운영효율성 향상 등 서비스 고도화를 통해 경쟁력을 강화하여 서비스 고객 만족도를 높여가고 있습니다.

또한 인테리어사업부문에서는 기능성 및 디자인과 품질 중심으로 차별화된 맞춤형 서비스를 제공하고 있습니다. 전문화된 디자인 개발 및 시공능력을 통하여 유통채널의 경쟁력을 강화하기 위해 스크린골프방, 골프연습장, 골프용품매장 등 골프유관시설까지 사업영역을 확장해 나가고 있습니다.

골프장 운영 및 컨설팅 사업 부문의 경우 2012년 인수한 ㈜골프존카운티선운을 통해 골프장운영의 기반을 마련하고 향후 다수 골프장의 위탁운영사업을 영위할 예정입니다. 골프장 컨셉의 다변화 및 운영 전문화를 통해 철저한 비즈니스 개념의 수익사업을 추진해 골프장 운영 전문기업으로 발돋움하는 것을 목표로 하고 있습니다.

유통사업 부문의 경우 당사의 온라인쇼핑몰은 2012년 골프존사이트에 공급하는 '비즈몰' 뿐만 아니라, 일반회원까지 아우르는 온라인쇼핑몰 '골핑'으로 발전시켰습니다. 2013년에는 카테고리 별 적정 마진율 정책 및 온라인 단독 브랜드, 독점 모델 진행으로 매출 활성화 및 안정적인 수익 강화가 예상됩니다. 당사는 2011년 8월 27일 1,510㎡(500평) 규모로 각 층별로 골프웨어 아울렛, 골프클럽 및 용품매장으로 구성된 오프라인 매장 골프존마켓 1호점을 개설하였으며, 2012년말 현재 서울 경기권역을 중심으로 한 13개 매장을 운영 중입니다. 2013년에는 수도권 추가 출점 및 영남권 매장 출점 확대를 통해 연말까지 전국 약 20여개 매장을 운영할 계획입니다. 앞으로 효율적인 광고판촉, 차별화된 고객서비스 및 고마진 상품 개발을 통해 매출액 및 이익률을 지속적으로 확대시킬 예정입니다.

당사와 당사의 종속회사(연결회사)는 그 동안 꾸준한 성장을 이어왔으며 본격적으로 골프종합문화기업으로 발돋움하여 기존 골프시뮬레이터(스크린 골프)를 비롯해 골프존마켓, 골프존아카데미 등 다양한 사업 분야 간 시너지를 기반으로 2020년까지 골프업계의 리더 기업으로 성장하고자 합니다.

출처 : 골프존 2012년 사업보고서

〈그림 17-6〉

Ⅰ. 영업의 개요

당사는 2000년 5월에 설립된 골프시뮬레이터 전문기업으로서, 골프시뮬레이터(Golf Simulator, GS)에 사용되는 S/W 및 H/W를 자체 기술인력으로 개발하여 판매하고 있습니다. 또한 골프시뮬레이터용 유지보수성 소모품 및 골프용품을 판매하고 있으며, 골프시뮬레이터와 네트워크를 이용한 온라인서비스, 제휴/광고 및 직영 스크린골프방 사업 등을 함께 영위하고 있습니다.

당사는 골프시뮬레이터 시장에서 스윙플레이트(Swing Plate, 골프코스의 경사에 따라 움직이는 발판), GS온라인서비스(온라인 자동 Update, 개인기록 관리, 광고 등), 온라인 스크린골프대회(Golfzon Tourment, Ladies Golfzon Live Tourment, Golfzon Live Festival), 골프존라이브매니저(Golfzon Live Manager, 골프시뮬레이터 구매자들이 편리하게 골프시뮬레이터를 관리할 수 있는 시스템) 등을 업계 최초로 도입하여 시장을 선도해 나가고 있습니다.

당사는 골프시뮬레이터의 지속적인 기술개발을 통하여 총 265건의 특허를 출원하여 약 100여건의 특허권을 보유하고 있습니다. 이러한 기술 경쟁력과 다양한 마케팅을 통하여 국내 골프시뮬레이터 시장을 선도해 나가고 있습니다.

당사는 골프시뮬레이터 사업의 적극적인 해외진출을 위하여 일본 현지법인, 중국 현지법인, 캐나다 현지법인, 대만 현지법인을 설립하는 등 해외시장 개척을 위해 노력하고 있습니다. 나아가 기존의 골프시뮬레이터에서 발전된 제품의 개발 및 골프관련 다양한 사업영역으로 진출을 준비하고 있습니다.

(중략)

(다) 산업의 특성

가) S/W 기술과 H/W 기술 및 R&D 역량의 중요성

골프시뮬레이터 산업은 골프시뮬레이터를 실제 골프장 환경과 얼마나 유사하게 구현할 수 있느냐가 핵심 관건입니다. 이를 위해 정교한 S/W 기술과 H/W 기술이 동시에 요구되며 양 기술간에 최적화 작업이 이루어져야 현실과 유사한 골프시뮬레이터가 개발될 수 있습니다. 공의 임팩트 순간부터 지면에 떨어질 때까지의 상황을 골프시뮬레이터가 가상현실 속에서 자연스럽게 구사하기 위해서는 실제 골프볼이 어떤 환경에서 어떻게 날아가는지 정밀하게 관측하여 정밀한 물리수식(유

▶ 이어집니다.

체역학 응용)을 도출한 뒤 골프시뮬레이터 물리엔진에 적용해야 합니다. 그리고 실제 코스의 지형과 고저차를 정밀하게 반영한 현실감 있는 골프코스를 구현하기 위해서는 뛰어난 3D그래픽 제작기술이 요구됩니다. 뿐만 아니라 골프시뮬레이터가 온라인 상에서 다양한 컨텐츠를 실시간으로 제공하려면 서버를 이용한 고도화된 데이터베이스 관리 기술 및 서버 안정성 기술을 보유해야 합니다.

H/W 기술로는 센서부분이 골프시뮬레이터의 핵심이며, 공과 클럽의 움직임을 정밀하게 센싱해야 S/W로 정확한 골프공 궤적을 구현할 수 있습니다. 업체마다 다양한 방식의 센서를 개발 적용하고 있으나 그 중 IR(Infra Red: 적외선방식)센서가 많이 채택되어 왔습니다. 그러나 최근 광학방식을 이용하여 보다 정교한 볼 인식이 가능한 비전센서가 IR센서방식을 대체하고 있는 추세입니다. 현재 경쟁사 비전센서의 경우, 볼에 자성 마크를 표시해야 센서가 인식을 하지만 당사가 개발중인 비전센서의 경우 마킹 없이 인식이 가능하며, 이를 통해 향후 볼의 방향과 스핀 등을 더욱 정확하게 인식하는 것이 핵심기술입니다. 또한 스윙플레이트의 경우 코스지형과 유사하게 구현해야 현장감을 극대화 할 수 있기 때문에, 보통 유압 방식을 이용하여 8방향으로 경사 구현이 가능해야 하며, 어떤 환경에서도 안전하게 하중을 버틸 수 있도록 설계되어야 합니다. 그 밖에 골프시뮬레이터는 이용자가 실제와 같이 골프경기를 진행함에 따른 H/W 충격으로 마모가 많이 일어나기 때문에 H/W를 내구성 있고 유지보수가 쉽도록 설계하는 기술 또한 중요합니다.

나) 스크린골프방 운영자를 위한 각종 지원의 중요성

스크린골프방을 운영하는 개인 사업자에게는 창업 및 운영에 관한 부가서비스의 질이 매우 중요합니다. 선두업체들의 경우 스크린골프방 사업자에게 골프시뮬레이터를 효율적으로 관리할 수 있도록 스크린골프방 관리 프로그램 및 운영 노하우를 온□오프라인 교육을 통해 지속적으로 제공하고 있습니다. 그리고 각종 소모품 및 유지보수 제품들을 저렴한 가격으로 구매할 수 있도록 별도의 온라인 유통 채널을 운영하여 사업자들의 운영비 부담을 완화하는 것이 중요합니다. 또한 골프시뮬레이터 특성상 골프채로 공을 타격하기 때문에 H/W의 고장이 발생할 수 있으며, 이러한 H/W 고장을 신속하게 A/S처리하여 장비고장으로 인해 영업하지 못하는 시간을 최소화 하는 것이 중요합니다.

다) 최종고객인 골프시뮬레이터 이용자 확보의 중요성

골프시뮬레이터는 최종 이용자의 브랜드 선호도에 따라 스크린골프방의 이용

▶ 이어집니다.

> 률 및 매출액에 크게 영향을 줄 수 있습니다. 그렇기 때문에 선두업체는 스크린골프 이용자를 확보하기 위해 시스템적으로 이용자 별 난이도를 조정하여 실력에 상관없이 누구나 쉽게 골프를 즐길 수 있게 기능을 부여하고 있으며, 골프시뮬레이터와 연동될 수 있는 온라인 포털을 오픈하여 다양한 컨텐츠를 제공하고 있습니다. 온라인 포털의 경우 이용자에게 코스별 라운드 기록 관리, 코스 이용결과에 대한 상세 분석을 제공하고 있으며, 골프시뮬레이터가 촬영한 이용자의 스윙자세를 온라인 포털 내 레슨프로에게 전달하여 스윙자세의 문제점을 체크할 수 있게 구성하고 있습니다. 그리고 전국 시스템을 네트워크로 연결한 골프대회를 개최하여 다양한 이벤트 참여가 가능할 수 있게 구성하고 있으며, 이런 요소들이 종합적으로 결합됨으로써 골프시뮬레이터 브랜드에 대한 로열티(Loyalty)가 강하게 형성되고 있습니다.

출처 : 골프존 2012년 영업보고서

골프존은 스크린골프방에서 쓰이는 골프 시뮬레이터를 자체 개발하여 판매하는 회사이고 국내에서 시장 지배력을 가지고 있다. 재미있는 것은 골프존의 주요 고객은 골프 시뮬레이터 이용자가 아니라 스크린골프방을 운영하는 개인 사업자였다는 점이다. 우리나라에 스크린골프방은 몇 개인지, 성숙시장인지 여부는 아직도 궁금하지만 2011년 R형(Real), 2012년 3R형(VISION)과 같은 신제품을 출시하는 등 교체 매출도 발생하고, 네트워크를 이용한 온라인 서비스도 있다고 하니 스크린골프방이 포화되더라도 기업가치의 훼손이 크지 않을 수도 있을 것이라는 생각이 든다. 그리고 골프 아카데미 서비스, 온라인게임, 골프장 마케팅 등 다양한 신규 사업도 전개하고 있다. 이제 이 다음에 읽을 '사업의 내용' 중 어디에 집중해야 하는지, 또 회사에 먼저 무엇을 물어봐야 할지 알 것 같지 않은가?

〈그림 17-7〉

가. 영업개황

1) 영업개황
당사는 국내의 경우 4개 판매총판과의 계약을 통해 전국에 골프시뮬레이터를 판매하고 있습니다. 또한 국내 판매총판에서 판매하기 힘든 전국 단위의 업체(건설업체를 통한 아파트 내 설치, 콘도, 호텔 등), 특수거래처(공공기관, 미군부대, 기업체, 학교 등) 등에 대해서는 본사 직영으로 판매하고 있습니다.

4개 국내 판매총판에서는 창업박람회 참가, 별도 창업설명회 개최, 구매의사가 있는 고객으로부터의 전화 등을 통해 잠재고객을 확보하여 골프시뮬레이터를 판매하고 있습니다. 국내판매총판에서 판매하는 고객들은 주로 개인들로서 신규로 창업하거나, 기존 자영업자들이 업종 전환을 하는 사람들입니다.

출처 : 골프존 2012년 사업보고서

영업보고서에서도 나왔듯이 골프존의 주요 고객은 스크린골프방을 운영하는 개인 사업자들이다. 창업박람회, 창업설명회라는 단어를 보니 장기간 이어진 경기 불황으로 조기 은퇴자들이 많아지고 이들 중 많은 사람들이 프랜차이즈 점주로 변신한다는 이야기가 생각난다. 일단 1차 수요자는 많을 것 같다.

이제 골프존의 시장점유율을 찾아보자.

⟨그림 17-8⟩

2) 시장점유율

골프시뮬레이터 시장은 그 연혁이 짧은 편이므로, 아직까지 공신력 있는 외부기관에서 발행되는 업계통계자료가 존재하지 않습니다. 이에 당사가 집계/추정하고 있는 시장규모 및 시장점유율을 중심으로 기술하도록 하겠습니다.

본 보고서 기준일 현재 국내 골프시뮬레이터 시장은 약 20여개의 국내외 업체가 경쟁하고 있는 완전경쟁시장이나, 당사가 90% 이상의 시장점유율을 보이고 있어 실질적으로 시장 내에서 독점적인 지위를 차지하고 있습니다.

[국내 골프시뮬레이터 시장점유율]

(단위: 대, %)

시스템 수	2012년 현재		2011년		2010년	
	시스템수	비율	시스템수	비율	시스템수	비율
골프존	2,922	91.4	4,306	89.0	5,545	84.3
타사	276	8.6	531	11.0	1,033	15.7
전체	3,198	100.0	4,837	100.0	6,578	100.0

(자료: 골프존 자체 조사 및 추정)
주1) 연도별 수치는 각 해당연도의 수치로서, 전체기간의 누계가 아님
주2) 2012년 시장점유율순으로 정리

당사의 시장점유율은 '11년초에 출시한 Real형 모델이 시장에서 좋은 반응을 얻으면서 '11년 89.0%에 이르렀고, '12년 출시된 Vision모델의 성공적인 안착에 따라 시장점유율이 91.4%로 증가하였습니다. 이처럼 최근 당사의 시장점유율은 3개년간 지속적으로 확대되고 있으며, 이에 따라 당사의 브랜드인지도 상승과 함께 이용고객간의 네트워크 형성을 통한 시장지배력이 강화되고 있습니다.

출처 : 골프존 2012년 사업보고서

시장점유율이 높은 것을 보니 골프 시뮬레이터의 성능이 좋아 이미 브랜드 파워가 굳혀진 것으로 판단된다. 특히 20여 개의 경쟁사가 있는 상황에서 이루어낸 성과라 가히 경제적 해자라 부를 만 하다. 그러나 여전히 전체 스크린골프방 시장에 대한 언급은 없다.

여기에서 잠깐 경제적 해자에 대해 조금 더 자세히 짚고 넘어가자. 세계적 펀드평가회사 모닝스타의 투자전략가 팻 도시는 경제

적 해자를 무형자산, 원가우위, 네트워크 효과, 전환비용의 네 가지로 분류하였다.

무형자산은 브랜드, 특허, 법적 진입장벽을 뜻한다. 네트워크 효과는 특정 제품이나 서비스의 이용자가 늘어날수록 그 가치가 증가하는 것을 말하는데, 대표적인 예가 SNS Social Network Service이다.

전환비용은 이용자가 한 번 길들여지면 성능이나 가격 면에서 우수한 다른 제품이나 서비스가 시장에 나오더라도 바꾸기가 어려워지는 것을 의미한다. 군대 행정병으로 복무한 사람이 마이크로소프트 워드보다 한글과컴퓨터의 아래아한글을 선호하는 것을 연상하면 된다.

골프존의 신규 사업은 GDR(골프 아카데미 서비스 및 골프연습장 제품)과 온라인게임이 있는데, 온라인게임은 동사의 소프트웨어 기술이 스크린골프방을 실제 골프장처럼 인식하게 하는 시뮬레이터에 맞추어져 있는 것을 볼 때 사업다악화로 판단된다.

이에 반해 GDR은 골프 연습을 흥미롭게 만들어줄 뿐만 아니라 기존 골프존의 경쟁력을 그대로 이식한 사업으로 빠른 성장이 기대된다. 특히 스크린골프방보다 훨씬 큰 시장 규모로 골프 시뮬레이터 시장의 성숙 우려를 극복할 수 있다. 각종 자료에 의하면 실내 골프연습장의 시장 규모는 현재 스크린골프방 시장 대비 2.7배 큰 것으로 나타났다.

〈그림 17-9〉 골프 시뮬레이터 및 타석 보급대수 (단위 : 대)

출처 : 골프존, 더퍼블릭인베스트먼트

〈그림 17-10〉

> 나. 주요 제품 등의 가격 변동 추이 및 가격 변동 원인
>
> 1) 스크린골프 판매 부문
> 2009년 11월 골프시뮬레이터 구성품(원자재 매입)인 PC의 CPU·메인보드· ODD 변경, 2010년 1월 HDD 및 그래픽카드의 변경, 2010년 4월 그래픽카드 및 시리얼포트의 변경 등으로 인하여 제조원가가 지속적으로 상승함에 따라 당사 판매총판 공급가 인상이 진행되었습니다.

출처 : 골프존, 더퍼블릭인베스트먼트

    회사는 '주요 제품 등의 가격 변동 추이'를 자세히 공시하지 않고 있다. 사측에 문의한 결과 2011년 출시한 R형(Real)은 대당 3,000만 원, 2012년 출시한 3R형(VISION)은 대당 4,500만 원이라고 한다. 그리고 R형에서 3R형으로 교체하는 경우 2,500만 원을 받는다고 한다. 판매총판 공급가 인상 원인은 제조원가의 지속적 상승이라고

하였는데 이는 '주요 원재료에 관한 사항'과 '연결재무제표에 대한 주석'을 통한 검증이 필요하다.

〈그림 17-11〉

3. 주요 원재료에 관한 사항

1) 스크린골프 (골프 시뮬레이터) 사업부문
당사는 골프시뮬레이터를 구성하는 주요 원재료인 센서, 플레이트, PC, 프로젝터, 스크린 등을 전량 국내 협력업체에서 조달하고 있습니다. 이에 따라 환율변동 등에 크게 영향을 받지 않는 편이며 직접적인 수입규제 또한 없기 때문에 안정적인 조달이 가능합니다. 당사가 사용하는 PC, 프로젝터, 스크린의 경우 일반적인 범용제품보다 사양이 높은 제품을 공급받아 사용하고 있습니다. 센서와 플레이트의 경우 당사가 디자인, 설계, 테스트한 후 매입처를 통해 생산하여 공급받고 있습니다. 당사와 특수한 관계에 있는 매입처는 없으며, 당사의 제품에 사용되는 주요 원재료 매입현황 및 해당 매입처는 아래와 같습니다.

가. 매입현황

(단위: 백만원)

사업부문	매입유형	품목	2012년도 (제13기)	2011년도 (제12기)	2010년도 (제11기)
스크린골프 판매	원재료	프로젝터	6,130	8,735	10,934
		PC	6,732	7,686	11,144
		플레이트	15,027	7,724	10,262
		센서	2,723	2,366	2,420
		스크린	934	1,376	1,691
		기타	9,910	8,128	3,125
		원재료 합계	41,456	36,015	39,576

나. 원재료 가격변동 추이

(단위: 원)

구 분	2012년도 (제13기)	2011년도 (제12기)	2010년도 (제11기)
센서	471,900	464,157	388,700
플레이트	2,769,500	2,123,692	2,157,150
PC	1,250,700	1,409,268	1,547,900
프로젝터	2,040,000	2,135,260	2,155,000
스크린	165,000	140,000	108,250

출처 : 골프존 2012년 사업보고서

먼저 골프 시뮬레이터 판매량을 추정해 보자. 원재료 중 센서는 모델이 업그레이드될 때마다 개수가 바뀌었을 가능성이 높고, 프로젝터, PC, 스크린은 교체 수요의 경우 판매되지 않을 가능성이 높다. 하지만 플레이트는 모델이 업그레이드될 때마다 경사 구현 등의 이유로 바뀌었을 핵심 제품이면서도 스크린골프방 하나마다 하나씩 적용되는 제품이므로 이를 샘플로 보기로 한다.

플레이트 | 스윙플레이트(Swing Plate)의 약어. 골프코스의 경사에 따라 움직이는 발판 부품.

〈표 17-3〉 플레이트를 통한 골프존 제품 생산대수 추정

	2010	2011	2012
플레이트 매입액 (억 원)	103	77	150
플레이트 가격 (원)	2,157,150	2,123,692	2,769,500
플레이트 매입량 (대)	4,757	3,637	5,426

출처 : 골프존 2012년 사업보고서, 더퍼블릭인베스트먼트

〈표 17-4〉 골프존 제품 및 원재료 단가

	2010	2011	2012
제품 생산대수 (대)	4,757	3,637	5,426
원재료 사용액 (억 원)	280	356	482
제품 매출액 (억 원)	1,484	1,463	1,593
원재료 단가 (만 원)	589	979	888
제품 단가 (만 원)	3,120	4,023	2,936

출처 : 골프존 2011~2012년 연결감사보고서, 더퍼블릭인베스트먼트

플레이트의 매입량이 제품 생산대수와 같다고 가정할 경우 지난 2년간 골프 시뮬레이터의 원재료 단가(원재료 사용액/제품 생산대수)는 대당 299만 원 올랐다. 그에 반해 제품 단가(제품 매출액/제품 생산대수)는 184만 원 내렸다. 회사의 제품가격을 올렸다는 말 자체가 거짓이라기보다는 신제품(4,500만 원)보다 단가가 낮은 교체 매출(2,500만 원)이 발생하면서 평균 판매단가를 끌어내리고 있다고 보는 것이 타당할 것이다. 만약 스크린골프방 시장이 성숙했다고 가정하면 앞으로도 제품 매출은 교체 판매가 주를 이룰 것이므로 3R형(VISION)의 침투 속도가 얼마나 빠를지, 또 다른 신규 제품이 나왔을 때 어떤 부품들을 교체해야 하며 그 단가를 얼마까지 받을 수 있을 지가 관건이겠다.

워렌 버핏 Speaks

오랫동안 이익이 증가하는 기업들로 포트폴리오를 구성하라. 그러면 포트폴리오의 시장가격도 올라갈 것이다.

(2) 지배구조 파헤치기

재무구조와 손익구조를 통해 지배구조를 분석해 보자. 먼저 자본총계의 흐름을 살펴보겠다.

〈그림 17-12〉 골프존 자본총계 추이 (단위 : 억 원)

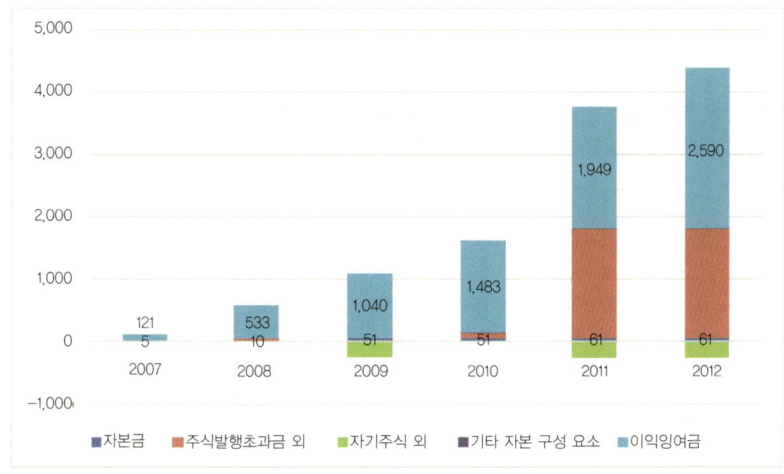

출처 : 골프존 2008~2009년 감사보고서, 골프존 2011~2012년 사업보고서, 더퍼블릭인베스트먼트

이 회사는 코스닥시장에 상장한지는 얼마 되지 않았지만 오랜 기간 이익잉여금이 증가하는 것으로 보아 꾸준히 이익이 성장하고 있으며, 그에 비해 자본금은 별로 늘지 않아 수익창출력이 뛰어난 회사로 추정된다. 모든 생산을 외주에 의존해 설비 확충이 필요하지 않은 상황에서 2011년 상장하면서 생긴 주식발행초과금 1,664억 원을 어디에 쓸지가 궁금할 따름이다.

〈그림 17-13〉

4. 생산 및 설비에 관한 사항

1) 스크린골프 판매 부문
당사의 주요 제품인 골프시뮬레이터(GS-옵션형, GS-기본형)는 프로젝터, 플레이트,센서, 스크린, PC 등으로 구성됩니다. 핵심 구성품인 플레이트, 센서, 스크린 등의 생산은 전량 외주 실시하고 있습니다. 외주협력사는 당사의 의뢰에 맞춰 각각의 제품을 자체생산 Line을 통해 생산하고 있으며, 당사에서는 구매, 자재, 공정, 생산관리, 품질관리 등 생산과 관련된 제반업무에 대한 컨트롤을 통해 외주협력사가 고품질을 유지하면서 제품을 원활히 생산할 수 있도록 지원하고 있습니다. 또한 협력사의 생산 Capa 향상 등의 외주경쟁력 향상을 위한 노력도 지속적으로 진행함으로써 유연한 생산체계를 구축하여 운영하고 있습니다.

당사는 제품을 전량 외주 생산하고 있어 자체 생산활동을 하지 않기 때문에 생산능력과 생산실적 및 생산설비에 관한 사항은 기재를 생략하였습니다.

가. 외주생산에 관한 사항

(1) 외주생산의 이유
당사의 주요 제품인 골프시뮬레이터를 구성하고 있는 각종 구성품들을 직접 생산하기 위해서는 중대형 사출라인, 레이져절단기, 특수가공설비(5축가공기, 금형가공설비 등)이 필요하며, 이러한 생산라인을 유지하기 위한 초기 투자에 설비투자비, 부지 구매(임대)비용이 예상되며, 고정비용으로 생산인력 유지비 및 관리인력 유지비의 지출이 예상됩니다.

당사는 외주생산을 통해 품질, 납기, 서비스를 만족시키면서도 초기 투자비용과 고정비로 인한 리스크를 효과적으로 상쇄할 수 있고, 생산라인 구조변화에 유동적으로 대응이 가능하며, 당사만의 역량 집중이 가능합니다. 뿐만 아니라 외주업체 자원의 효과적인 활용을 통해 소규모 인력으로 생산통제가 가능한 이점이 있습니다. 상기와 같은 사유로 당사의 골프시뮬레이터의 구성품인 원재료 매입 시 100% 외주생산을 실시하고 있습니다.

이에 대한 총괄적인 관리기능은 당사 생산관리팀에서 수행하고 있으며 매입처와는 지속적인 협력관계를 발전시켜 나가며 생산역량 및 인프라의 향상과 제품 및 서비스의 개선을 지속적으로 추진해 나가고 있습니다. 현재 주요 외주협력사는 골프시뮬레이터의 핵심 구성품인 센서, 플레이트, 스크린 등의 생산을 진행하고 있습니다.

출처 : 골프존 2012년 사업보고서

〈그림 17-14〉 골프존 자산총계 추이 (단위 : 억 원)

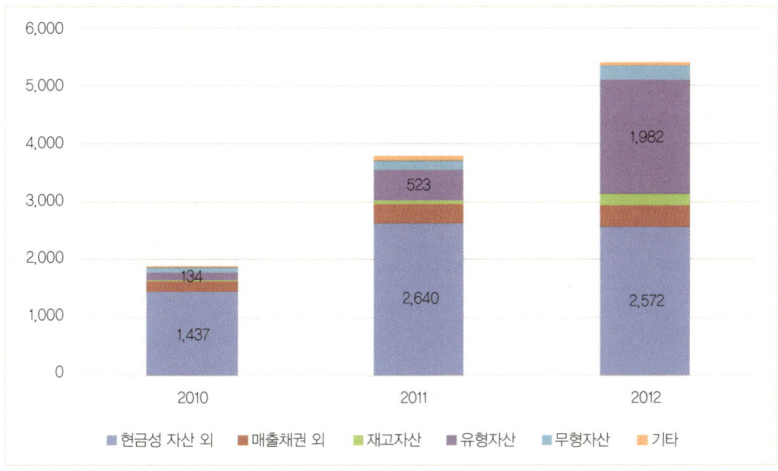

출처 : 골프존 2012년 사업보고서, 더퍼블릭인베스트먼트

워렌 버핏 Speaks

내재가치는 투자와 기업의 상대적인 매력도를 평가할 수 있는 단 하나의 논리적인 기준을 제공해 주는 투자의 가장 중요한 개념 중 하나이다.

17장 실전 – 실제 사업보고서 읽기　209

〈그림 17-15〉

(2) 당기 및 전기 중 유형자산의 변동내용은 다음과 같습니다.

(당 기)

(단위:천원)

구 분	기 초	연결범위변동	취 득(주1)	처 분(주2)	대 체	감가상각비	손상차손(주3)	외화환산차이	기 말
토지	37,657,356	1,681,324	49,308,305	(515,935)	-	-	-	-	88,131,050
건물	2,736,101	4,613,193	28,008,987	(22,337)	-	(765,883)	-	(22,015)	34,548,046
구축물	139,370	2,772,993	19,580	-	-	(203,990)	-	-	2,727,953
기계장치	2,635,882	53,912	4,304,088	(893,012)	-	(1,106,742)	-	(88,969)	4,905,159
차량운반구	258,357	381,018	162,856	(125,493)	-	(152,286)	-	(1,923)	522,529
공구와기구	37,619	1,625	159,236	-	-	(11,198)	-	(6,668)	180,614
비품	3,235,853	114,291	5,229,234	(115,839)	-	(1,320,393)	-	(18,166)	7,124,980
보조금	-	-	(1,369,631)	-	-	116,731	-	-	(1,252,900)
시설장치	5,422,665	7,058	11,098,715	(1,047,045)	131,520	(2,760,578)	(712,735)	(67,515)	12,072,085
코스	-	42,861,248	-	-	-	-	-	-	42,861,248
입목	-	2,134,593	-	-	-	-	-	-	2,134,593
건설중인자산	183,263	49,500	4,187,898	-	(131,520)	-	-	(12,557)	4,276,584
합 계	52,306,466	54,670,755	101,109,268	(2,719,661)	-	(6,204,339)	(712,735)	(217,813)	198,231,941

(주1) 연결실체는 연구소 등(R&D센터 및 사무공간 등)의 용도로 당기 중 토지와 건물을 매입하였습니다.
(주2) 연결실체는 서울 사옥 이전에 따라 관련 인테리어(시설장치) 잔존가액을 폐기손실 처리하였습니다.
(주3) 연결실체는 직영점별 시설장치의 회수가능가액을 검토하였으며, 검토 결과 712,735천원의 손상차손을 기타영업외비용으로 인식하였습니다.
(주4) 당기 대체액은 건설중인자산의 본계정 대체액입니다.

(전 기)

(단위:천원)

구 분	기 초	연결범위변동	취 득	처 분	대 체(주1)	감가상각비	손상차손	외화환산차이	기 말
토지	1,870,771	-	-	-	35,786,585	-	-	-	37,657,356
건물	3,058,357	-	-	(217,754)	-	(110,183)	-	5,681	2,736,101
구축물	161,673	-	-	-	-	(22,303)	-	-	139,370
기계장치	1,595,941	-	682,706	(44,602)	938,356	(538,832)	-	2,313	2,635,882
차량운반구	296,785	11,552	150,205	(81,289)	-	(119,086)	-	190	258,357
공구와기구	92,131	-	8,954	(34,275)	-	(30,737)	-	1,546	37,619
비품	2,354,425	26,058	1,709,895	(47,036)	-	(812,704)	-	5,215	3,235,853
시설장치	3,930,269	2,525	1,548,148	(220,104)	1,062,015	(622,394)	(222,653)	(55,141)	5,422,665
건설중인자산	44,950	-	37,031,463	-	(36,893,150)	-	-	-	183,263
합 계	13,405,302	40,135	41,131,371	(645,060)	893,806	(2,256,239)	(222,653)	(40,196)	52,306,466

(주1) 전기 대체액은 주로 건설중인자산의 본계정 대체액이며, 이 중 재고자산에서 시설장치로 대체된 893,806천원이 포함되어 있습니다.

출처 : 골프존 2012년 연결감사보고서

2011~2012년 이 회사는 1,198억 원의 당기순이익을 기록했고 현금배당으로 236억 원을 지급했다. 이익잉여금 962억 원과 공모자금 1,664억 원을 합한 2,626억 원의 현금이 회사로 유입되었는데, 늘어난 현금성 자산은 1,135억 원에 불과하다. 대신 유형자산이 1,848억 원가량 늘었다. 일부 골프장 관련 비용도 있지만 대부분은 서울특별시 강남구에 두 채의 빌딩을 매입했기 때문이다.

〈그림 17-16〉 골프존 현금 유입 및 현금순증　　　　　　　　(단위 : 억 원)

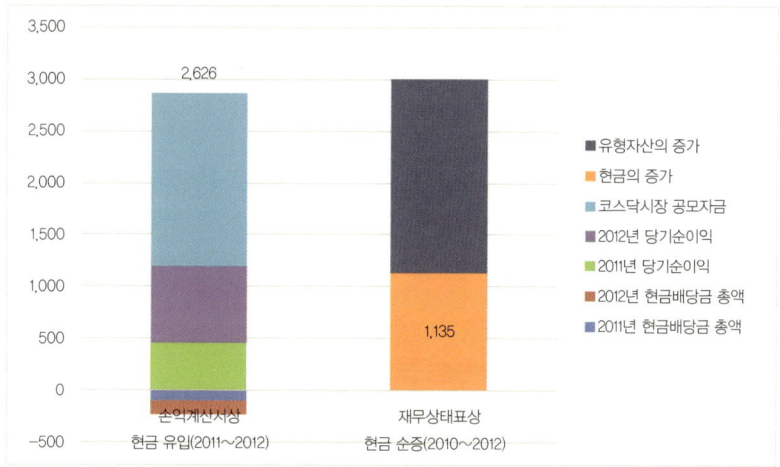

출처 : 골프존 2012년 사업보고서, 더퍼블릭인베스트먼트

17장 실전 – 실제 사업보고서 읽기　211

다음은 손익을 검토해 보자. 골프 시뮬레이터 제품 매출은 정체하고 있지만 온라인서비스 등 다른 매출이 올라오면서 총매출액은 증가하고 있다. 그런데 의아하게도 온라인서비스 매출이 늘어남에도 불구하고 오히려 영업이익률은 감소하고 있다. 비용 통제가 잘되지 않고 있다는 뜻이다.

〈표 17-5〉 골프존 요약 손익계산서

(단위 : 억 원)

(단위 : 억 원)	2010	2011	2012
매출액	1,903	2,158	2,896
매출원가	812	1,004	1,316
매출원가율	42.7%	46.5%	45.4%
매출총이익	1,091	1,154	1,580
판매비와관리비	425	615	890
판관비율	22.3%	28.5%	30.7%
영업이익	666	539	690
영업이익률	35.0%	25.0%	23.8%
금융손익	68	-45	136
기타영업외손익	-8	5	-1
세전이익	726	499	825
법인세비용	44	35	91
법인세율	6.1%	7.0%	11.0%
당기순이익	682	464	734

출처 : 골프존 2012년 사업보고서, 더퍼블릭인베스트먼트

〈그림 17-17〉

22. 비용의 성격별 분류

당기 및 전기 중 발생한 비용의 성격별로 분류한 내역은 다음과 같습니다.

(당 기)

(단위:천원)

구 분	재고자산의 변동	판매비와관리비	제조(매출)원가	합 계
재고자산의 변동				
제품의 변동	(619,417)	-	-	(619,417)
상품의 변동	43,829,969	-	-	43,829,969
원재료 사용액	48,181,701	-	-	48,181,701
기타원가	-	-	1,737,917	1,737,917
종업원급여	-	31,309,970	5,027,272	36,337,242
감가상각비	-	5,239,250	965,089	6,204,339
무형자산상각비	-	650,016	1,247,066	1,897,082
지급수수료	-	9,643,891	18,128,168	27,772,059
기타	-	42,159,371	13,126,455	55,285,826
합 계	91,392,253	89,002,498	40,231,967	220,626,718

(전 기)

(단위:천원)

구 분	재고자산의 변동	판매비와관리비	제조(매출)원가	합 계
재고자산의 변동				
제품의 변동	(61,210)	-	-	(61,210)
상품의 변동	24,297,030	-	-	24,297,030
원재료 사용액	35,632,166	-	-	35,632,166
기타원가	-	-	580,015	580,015
종업원급여	-	20,747,747	1,295,215	22,042,962
감가상각비	-	1,834,937	421,302	2,256,239
무형자산상각비	-	358,019	1,080,286	1,438,305
지급수수료	-	7,555,460	16,533,682	24,089,142
기타	-	31,003,463	20,585,620	51,589,083
합 계	59,867,986	61,499,626	40,496,120	161,863,732

출처 : 골프존 2012년 연결감사보고서

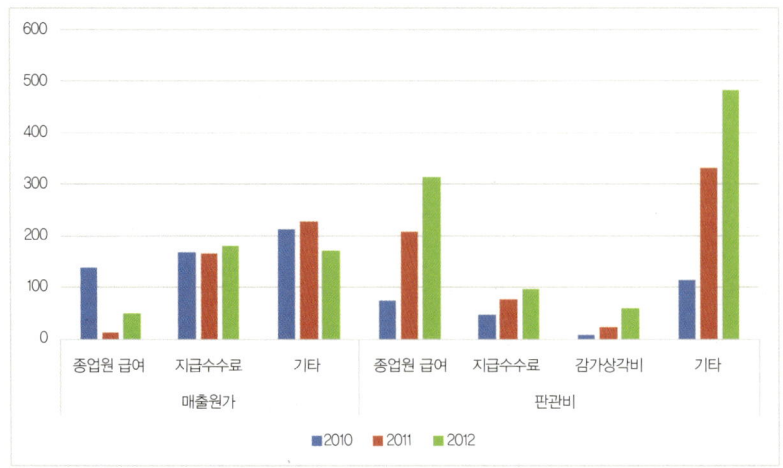

〈그림 17-18〉골프존 비용의 성격별 분류 (원재료 및 재고자산 계정 제외) (단위 : 억 원)

출처 : 골프존 2012년 연결감사보고서

'비용의 성격별 분류'를 보니 더 명확하게 드러난다. 판매비와 관리비가 급증하는 것을 알 수 있다. 유통사업과 골프장 운영 사업을 확장하고 신규 사업을 준비한다는 점을 감안하더라도 과도한 증가율이다.

'요약연결재무정보'에서 특이할 만한 사항은 또 있다. 10% 주민세를 포함한 법인세율이 현행 24.2%보다 훨씬 낮게 형성되어 있다는 것이다. 주석 사항을 확인해 보니 90억 원 전후의 세액공제를 받고 있다.

〈그림 17-19〉

(2) 당기 및 전기의 회계이익과 법인세비용의 관계는 다음과 같습니다.

(단위:천원)

구 분	당기	전기
법인세비용차감전순이익	82,502,934	49,962,797
적용세율(11%, 22%, 24.2%)에 따른 법인세비용	19,369,160	11,869,353
조정사항:		
비공제수익	(518,984)	952,132
비공제비용	287,718	(791,765)
세액공제	(9,309,178)	(8,983,190)
기타(세율차이 등)	88,122	429,204
소계	9,916,838	3,475,734
과거기간의 당기법인세에 대하여 당기에 인식한 조정액	(768,498)	-
법인세비용	9,148,340	3,475,734
유효세율	11.09%	6.95%

출처 : 골프존 2012년 연결감사보고서

골프존의 뛰어난 사업성에 비해 공격적인 유형자산 투자와 판관비 증가의 원인은 어디에 있을까? 주주와 임원 명단을 보고 유추해 보자.

다음 페이지부터 약 세 페이지에 걸쳐 소개하는 세 개의 그림을 통해 이에 대한 해답을 스스로 찾아보자.

〈그림 17-20〉

1. 최대주주 및 특수관계인 주식소유 현황

최대주주 및 특수관계인의 주식소유 현황

(기준일 :   2012년 12월 31일   )   (단위 : 주, %)

성명	관계	주식의 종류	소유주식수 및 지분율				비고
			기 초		기 말		
			주식수	지분율	주식수	지분율	
김원일	최대주주	보통주	5,473,710	44.56	5,473,710	44.56	-
김영찬	특수관계인	보통주	1,976,838	16.09	1,964,138	15.99	증여
전화자	특수관계인	보통주	96,030	0.78	42,510	0.35	증여,매도
전병순	특수관계인	보통주	106,700	0.87	91,430	0.74	증여,매도
전팔선	특수관계인	보통주	100,957	0.82	58,545	0.48	증여,매도
석이지	특수관계인	보통주	0	0.00	7,730	0.06	수증
석원엽	특수관계인	보통주	0	0.00	6,500	0.05	수증
전현배	특수관계인	보통주	0	0.00	3,500	0.03	수증
김주아	특수관계인	보통주	0	0.00	4,000	0.03	수증
박노진	특수관계인	보통주	0	0.00	3,800	0.03	수증
박정현	특수관계인	보통주	0	0.00	5,000	0.04	수증
박상현	특수관계인	보통주	0	0.00	5,000	0.04	수증
오지영	특수관계인	보통주	0	0.00	2,500	0.02	수증
박강수	특수관계인	보통주	0	0.00	2,000	0.02	수증
장성원	특수관계인	보통주	0	0.00	3,100	0.03	수증
강창식	특수관계인	보통주	0	0.00	1,500	0.01	수증
우창헌	특수관계인	보통주	3,640	0.03	3,697	0.03	우리사주조합분
이민섭	특수관계인	보통주	3,315	0.03	3,350	0.03	우리사주조합분
김강현	특수관계인	보통주	3,271	0.03	3,314	0.03	우리사주조합분
김윤길	특수관계인	보통주	3,147	0.03	3,147	0.03	우리사주조합분
이강훈	특수관계인	보통주	3,453	0.03	0	0.00	임원제외
신종성	특수관계인	보통주	0	0.00	3,100	0.03	-
송지헌	특수관계인	보통주	0	0.00	3,076	0.02	우리사주조합분
이승철	특수관계인	보통주	0	0.00	2,741	0.02	우리사주조합분
계		보통주	7,771,061	63.27	7,697,388	62.67	-
		우선주	0	0	0	0	-

출처 : 골프존 2012년 사업보고서

〈그림 17-21〉

1. 임원 및 직원의 현황

(1) 임원현황

(기준일: 2012년 12월 31일) 임원 현황   (단위 : 주)

성명	출생년월	직위	등기임원 여부	상근 여부	담당 업무	주요경력	소유주식수 보통주	재직기간	임기 만료일
김영찬	1946.08	대표이사	등기임원	상근	경영총괄	□ 홍익대 기계공학과 □ 당사 대표이사 □ 골프존문화재단 이사장	1,964,138	13년	2014.04.28
김원일	1975.02	대표이사	등기임원	상근	경영총괄	□ 고려대 산림자원학과 □ 당사 이사 (부사장) □ GOLFZON HK 대표이사 □ GOLFZON JAPAN 이사 □ (주)골프존네트웍스 이사 □ 당사 대표이사	5,473,710	13년	2013.04.28
장성원	1970.10	이사	등기임원	상근	경영관리 본부총괄	□ 서울대 경제학과 □ 유라클 관리담당 이사 □ 유라클 CFO □ 머니튜브 CEO □ 당사 이사 □ GOLFZON JAPAN 이사 □ (주)골프존네트웍스 이사 □ 윤즈골프(주) 대표이사	3,100	5년	2013.03.22
김범조	1955.07	사외이사	등기임원	비상근	사외이사	□ 국무총리 행정조정실 과장 □ 재정경제원 기획관리실 과장 □ 공정거래위원회 조사기획과장 □ 공정거래위원회 서울사무소장 □ 한국소비자원 부원장 □ 한국상조공제조합 이사장 □ 당사 감사	-	1년	2015.03.26
강창식	1974.06	감사	등기임원	상근	감사	□ 성균관대 법학과 □ 법무법인 해울 소속변호사 □ 넥슨 법무팀장 □ 당사 감사	1,500	3년	2013.03.22
우창헌	1967.10	이사	미등기임원	상근	연구소 총괄	□ KAIST 물리학과 박사 □ KAIST 물리학 PostDoc 연구원 □ 한국통신테이터 책임연구원 □ 한국정보통신대학교 연구교수 □ 당사 이사	3,697	4.5년	-
이민섭	1971.12	이사	미등기임원	상근	전략사업 본부총괄	□ 서울대 전산학과 석사 □ 엘풀온라인(CJ홈쇼핑 자회사) CSO □ 당사 팀장 □ 당사 이사	3,350	5년	-
김강현	1968.01	이사	미등기임원	상근	운영사업 본부총괄	□ 고려대 수학과 □ 유비컵 부장 □ 당사 팀장 □ 당사 이사	3,314	5년	-

출처 : 골프존 2012년 사업보고서

〈그림 17-22〉

3. 주식의 분포
(1) 5% 이상 주주의 주식소유 현황 및 우리사주조합 주식소유 현황

주식 소유현황

(기준일 :   2012년 12월 31일   ) (단위 : 주)

구분	주주명	소유주식수	지분율	비고
5% 이상 주주	김영찬	1,964,138	15.99%	-
	-	-	-	-
우리사주조합		280,662	2.28%	-

※ 상기 우리사주조합 소유주식수는 총 우리사주조합주식수 299,987주에서 특수관계인의 조합주식수(19,325주)를 제외한 주식수입니다.

출처 : 골프존 2012년 사업보고서

골프존은 김영찬, 김원일 공동 대표이사가 최대주주로 회사를 이끌고 있다. 두 대표이사의 나이와 지분을 봤을 때 부자(父子) 관계로 추정된다. 더 주목해야 할 것은 재직 기간과 '주식의 분포'이다. 두 대표이사는 법인 설립 11년, 첫 제품 출시 9년 만에 6,000억 원대 거부(巨富)가 되었다. 현재 최대주주인 김원일 대표이사는 법인 설립 당시 26세에 불과했다. 뛰어난 사업 수완을 인정하지 않을 수 없다. 그러나 골프 시뮬레이터 한 우물만 파던 회사에 갑자기 막대한 공모자금이 유입되자 본업과 직접적 관계가 없는 곳에 투자를 진행한 것으로 보인다. 또 이러한 문제점을 견제할 만한 외부 주주도 전무했다('뒷이야기' 참고).

다음의 공시를 보자.

〈그림 17-23〉

2. 임원의 보수 등

1. 주총승인금액

(단위 : 백만원)

구 분	인원수	주총승인금액	비고
이사	4	6,400	-
감사	1	300	-

2. 지급금액

(단위 : 천원)

구 분	인원수	지급총액	1인당 평균 지급액	주식매수선택권의 공정가치 총액	비고
등기이사	3	4,279,495	1,426,498	-	-
사외이사	1	30,645	30,645		
감사위원회 위원 또는 감사	1	138,264	138,264		
계	5	4,448,404	1,595,407	-	-

3. 주식매수선택권의 부여 및 행사 현황
당사는 본 보고서 기준일 현재 해당사항이 없습니다.

출처 : 골프존 2012년 사업보고서

등기이사 3명에 대한 보수도 43억 원에 달하는데 장성원 이사가 강창식 감사 수준의 보수를 받는다고 가정하면 김영찬, 김원일 양 대표이사의 연봉은 각각 20억 원을 초과한다. 우리나라 상장기업 등기이사 1인당 평균 보수는 3억 원에 불과하고, 20억 원 이상인 회사는 삼성, SK, LG, 현대차, 두산, 한화, CJ 그룹사 등을 포함해 25개밖에 없다.

다음 두 건의 항목을 살펴보자.

〈그림 17-24〉

3. 자본금 변동사항
가. 증자(감자)현황
(기준일 :   2012년 12월 31일   )   (단위 : 원, 주)

주식발행 (감소)일자	발행(감소) 형태	발행(감소)한 주식의 내용				비고
		주식의 종류	수량	주당 액면가액	주당발행 (감소)가액	
2000.05.08	-	보통주	10,000	5,000	5,000	설립
2000.06.21	유상증자(주주배정)	보통주	30,000	5,000	5,000	-
2002.12.27	유상증자(주주배정)	보통주	60,000	5,000	5,000	-
2008.03.18	유상증자(제3자배정)	우선주	5,500	5,000	910,000	-
2008.12.12	무상증자	보통주	94,000	5,000	5,000	-
2008.12.12	무상증자	우선주	5,170	5,000	5,000	-
2009.01.20	주식분할	보통주	9,506,000	100	-	액면분할, 주1)
2009.01.20	주식분할	우선주	522,830	100	-	
2009.07.23	유상감자	보통주	767,510	100	24,430	감자비율: 10%, 주2)
2009.07.23	유상감자	우선주	255,840	100	24,430	
2009.08.18	무상증자	보통주	40,196,205	100	5,000	-
2009.08.18	무상증자	우선주	1,249,470	100	5,000	-
2009.12.24	전환권행사	보통주	1,527,130	100	100	주3)
2009.12.24	전환권행사	우선주	1,527,130	100	100	
2010.09.03		보통주	40,524,660	500	-	액면병합, 주4)
2010.09.09	유상증자(제3자배정)	보통주	151,858	500	57,700	제3자배정 (우리사주)
2011.05.20	유상증자(일반공모)	보통주	2,000,000	500	85,000	코스닥시장 상장

주1) 2009년 01월 20일 액면가 5,000원에서 100원으로 액면분할 하였으며, 이로 인해 발행주식수는 204,670주에서 10,233,500주로 증가하였습니다.

주2) 당사는 2009년 07월 22일 총발행주식의 10%(1,023,350주)를 자사주로 취득하여 2009년 7월 23일 유상감자를 진행하였습니다. 소각대상 주식은 OSSF CAPITAL SDN BHD(보통주) 767,510주와 스틱샤리아창업투자조합(우선주) 255,840주입니다.

주3) 우선주에서 보통주로 전환되었습니다.

주4) 2010년 09월 03일 액면가 100원에서 500원으로 액면병합 하였으며, 이로 인해 발행주식수는 50,655,825주에서 10,131,165주로 감소하였습니다.

주5) 당사는 2011년 05년 20일 코스닥시장에 상장하였으며, 일반공모주식수는 2,000,000주입니다

출처 : 골프존 2012년 사업보고서

〈그림 17-25〉

나. 최근 3사업연도 배당에 관한 사항

구 분	주식의 종류	제13기	제12기	제11기
주당액면가액 (원)		500	500	500
당기순이익 (백만원)		72,099	47,592	67,108
주당순이익 (원)		5,870	4,131	6,593
현금배당금총액 (백만원)		14,164	9,443	-
주식배당금총액 (백만원)		-	-	-
현금배당성향 (%)		19.6	19.8	
현금배당수익률 (%)	보통주	1.98	1.61	-
	우선주	-	-	-
주식배당수익률 (%)	보통주	-	-	-
	우선주	-	-	-
주당 현금배당금 (원)	보통주	1,200	800	-
	우선주	-	-	-
주당 주식배당 (주)	보통주	-	-	-
	우선주	-	-	-

출처 : 골프존 2012년 사업보고서

사실 경영자의 자본 배치 능력이 미흡한 것과 윤리의식이 부족한 것과는 차이가 있다. '자본금 변동 사항'을 보면 알 수 있는데 골프존은 2011년 코스닥시장 상장 이후 유상증자를 하거나 신주인수권부사채, 전환사채 등을 발행한 적이 없다. 주주에게 함부로 손을 벌리지 않았다는 뜻이다. 현금배당도 꾸준히 하려는 듯 보인다.

이는 골프존의 강력한 수익성이 뒷받침되었기 때문에 가능한 일이다. 듀퐁Dupont 분석을 해보면 상장기업 평균보다 낮은 부채를 사용하고도 높은 수익성과 자산효율성을 통해 뛰어난 자기자본이익률을 보여주고 있다. 매출채권 회수도 빠르다.

듀퐁 분석 | 미국 화학업체 듀퐁에서 고안한 재무 분석 기법. ROE를 순이익률(순이익/매출액), 총자산회전율(매출액/자산총계), 재무레버리지(자산총계/자본총계)의 세 가지 요소로 나누어 분석한다.

〈그림 17-26〉 골프존 듀퐁 분석 (코스닥시장 공모자금 유입 차감)

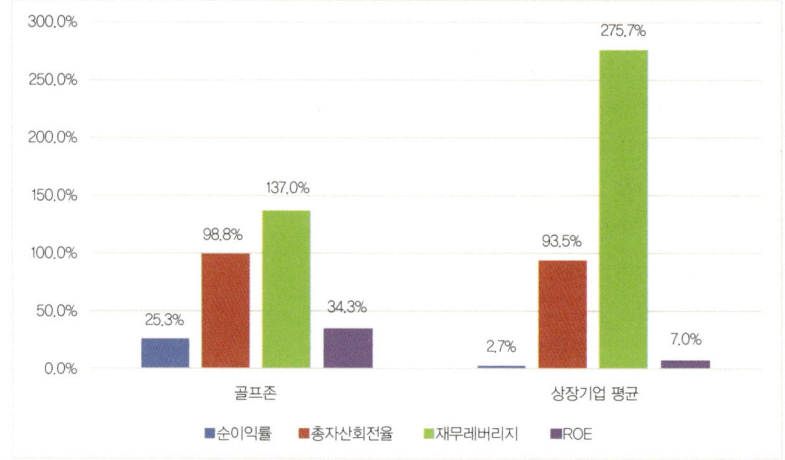

출처 : 골프존 2012년 사업보고서, Dataguide, 더퍼블릭인베스트먼트

> **간단 재무상식**
>
> 자기자본이익률(ROE) = 순이익 ÷ 자본총계
> = (순이익 ÷ 매출액) × (매출액 ÷ 자산총계)
> × (자산총계 ÷ 자본총계)

〈그림 17-27〉

7. 매출채권및기타채권

(1) 당기말 및 전기말 현재 매출채권및기타채권의 내역은 다음과 같습니다.

(당기말)

(단위:천원)

구 분		연체 및 손상 되지 않은 채권	연체되었으나 손상되지 않은 채권	손상된 채권 (개별평가대상채권)	소 계	대손충당금	합 계
유동	매출채권	10,932,491	696,866	734,596	12,363,953	(997,032)	11,366,921
	미수금	1,079,785	1,073,699	1,191,627	3,345,111	(1,191,627)	2,153,484
	미수수익	1,794,008	-	-	1,794,008	-	1,794,008
	대여금	7,176,700	-	-	7,176,700	-	7,176,700
	합 계	20,982,984	1,770,565	1,926,223	24,679,772	(2,188,659)	22,491,113
비유동	대여금	3,943,301	-	-	3,943,301	-	3,943,301
	보증금	11,018,837	-	-	11,018,837	-	11,018,837
	합 계	14,962,138	-	-	14,962,138	-	14,962,138

(2) 매출채권 및 기타채권의 관리정책

연결실체는 매출채권및기타채권과 관련하여 지급보증증서, 예적금 등의 동산 및 부동산을 담보로 수취하고 있으며, 주기적으로 거래처의 신용도를 재평가하여 신용거래한도를 재검토하고 담보수준을 재조정하고 있습니다.

연결실체의 매출에 대한 평균 신용공여기간은 90일이며 대금청구일로부터 최초 90일 동안은 매출채권에 대한 이자가 부과되지 않습니다. 연결실체는 과거 경험상 회수기일이 365일 이상 경과한 채권은 일반적으로 회수되지 않으므로 365일이 경과한 모든 채권에 대하여 대손충당금 설정을 검토하고 있습니다. 90일 초과 365일 미만 경과 매출채권에 대해서는 거래상대방의 과거 채무불이행 경험 및 현재의 재무상태 분석에 근거하여 결정된 미회수 추정금액을 대손충당금으로 설정하고 있습니다.

전체 매출채권의 5% 이상을 차지하는 고객의 채권잔액은 당기말 및 전기말 현재 각각 1,817,618천원 및 5,786,671천원입니다.

출처 : 골프존 2012년 연결감사보고서

워렌 버핏은 "바보라도 경영할 수 있는 탁월한 비즈니스 모델을 가진 주식에 투자하고 싶다. 왜냐하면 언젠가는 바보가 경영할 날이 오기 때문이다"라고 하였다. 나도 마찬가지 생각이다. 경영자는 언젠가 퇴임하거나 죽음을 맞이하지만 회사는 제품, 서비스, 브랜드로 남아 있을 수 있기 때문이다.

이번에는 '그 밖에 투자자 보호를 위하여' 항목을 볼 차례이다. 이 항목 또한 사업성보다는 자금 활용에 대해 주목해 읽어 보자.

〈그림 17-28〉

5. 직접금융 자금의 사용

(1) 공모자금의 사용내역
가. 공모자금의 사용내역
(기준일 :   2012년 12월 31일   )   (단위 : 백만원)

구 분	납입일	납입금액	신고서상 자금사용 계획		실제 자금사용 현황		차이발생 사유 등
기업공개 (코스닥시장 상장)	2011.05.20	170,000	시설자금 연구개발자금 운영자금 기타	51,952 71,956 43,193 2,899	시설자금 연구개발자금 운영자금 기타	55,893 23,650 14,131 2,899	-

주) 기타는 발행제비용임

다. 차이 발생 사유 등
시설자금의 경우 당사는 기존 사업과의 시너지효과를 고려한 사업다각화 전략의 일환으로 골프장 운영시스템 개발 및 골프장운영기업 출자를 하였으며, 골프유통사업의 오프라인 매장 구축과 온라인 네트워크 구축에 우선적으로 사용하였습니다.
이외에도 해외진출등을 위해 해외법인 합작/설립 출자금, 해외직영점 보증금, 인테리어, 설비 등에 사용 되고 있습니다. 이를 통해 당사의 인지도를 향상시켜 해외에서도 국내와 같은 문화 트렌드를 이끌어 나갈 계획입니다.

연구개발자금의 경우 R형 및 3R형 제품을 출시하였고, 이외에에도 꾸준한 연구개발을 통하여, 새로운 기술을 적용한 골프시뮬레이터를 지속적으로 출시하여, 골프시뮬레이터 시장에서의 경쟁우위를 유지할 예정입니다.

운영자금의 경우 당사 연구개발활동을 통한 신제품 출시에 맞추어 홍보 및 판촉활동에 사용되고 있으며, 이외에도 아카데미용 신제품, 직영매장에 대한 홍보 및 판촉 등에도 사용되고 있습니다. 이러한 신제품들은 기존에 존재하지 않았던 새로운 제품인 관계로 성공적인 시장 진출을 위하여 다양한 홍보 및 판촉 활동을 계획하고 있습니다.

당사는 기존 증권신고서에 기재된 연구개발 자금, 시설자금, 운영자금 등을 중장기 계획에 따라 사용하고 있으며, 앞으로 당사의 비전인 세계 1위 글로벌 토털골프문화기업으로 거듭나고자 하고 있습니다. 미사용 자금에 대해서는 투자 목적을 명확히 인식하고, 투자시점에 맞춰 원활한 투자를 진행할 수 있도록 정기예금 등 안전자산에 예치하여 관리하고 있습니다.

출처 : 골프존 2012년 사업보고서

이 회사는 공모자금 1,700억 원 중 720억 원을 골프 시뮬레이터 하드웨어, 신형시스템 소프트웨어, 온라인 골프게임 개발 등 연구개발자금, 432억 원을 신제품 홍보 및 판촉 등 운영자금으로 사용한다고 신고하였다. 그러나 아직 734억 원이 미사용 자금으로 남아 있고 이를 정기예금 등 안전자산에 예치하여 관리하고 있다고 하였다. '연결재무제표에 대한 주석'에서 확인해 보겠다.

〈그림 17-29〉

6. 금융상품자산

(1) 당기말 및 전기말 현재 금융상품자산의 내역은 다음과 같습니다.

(단위:천원)

구 분	당기말		전기말	
	유동	비유동	유동	비유동
장단기금융상품(주1)	95,210,000	1,080,000	125,000,000	1,400,000
당기손익인식금융자산	48,499,577	–	63,352,114	–
매도가능금융자산	11,653,370	32,266,297	14,149,194	6,475,439
합 계	155,362,947	33,346,297	202,501,308	7,875,439

(주1) 연결실체가 LG전자(주)에게 부담하는 채무에 대하여 당기말 현재 100,000천원이 질권설정되어 있으며, 또한 연결실체의 사옥취득과 관련된 차입금에 대하여 당기말 현재 14,000,000천원이 질권으로 설정되어 있습니다(주석 14참조).

(2) 당기말 및 전기말 현재 당기손익인식금융자산의 내용은 다음과 같습니다.

(단위:천원)

구 분	당기말			전기말		
	평가전 장부가액	공정가액 (주2)	평가손익	평가전 장부가액	공정가액 (주2)	평가손익
ELS(주1)	31,627,227	39,074,221	7,446,994	62,890,314	49,202,921	(13,687,393)
기타 채무증권	9,201,418	9,425,356	223,938	14,488,696	14,149,193	(339,503)
합 계	40,828,645	48,499,577	7,670,932	77,379,010	63,352,114	(14,026,896)

(주1) 주계약과 분리되어야 하는 내재파생상품(조기상환옵션)이 주계약과 분리하여 측정될 수 없는 경우에 해당하여 합성계약 전체를 당기손익인식항목으로 지정하였습니다.
(주2) 시장성 있는 유가증권의 공정가액은 보고기간 종료일 현재(보고기간 종료일 현재의 종가가 없으면 직전거래일)의 종가로 평가하였습니다.

출처 : 골프존 2012년 연결감사보고서

골프존의 현금 및 현금성자산 685억 원과 금융상품 1,887억 원(유동 1,554억 원 + 비유동 333억 원)을 합하면 2,572억 원의 막대한 규모이다. 시가총액의 35%에 달한다. 또 '그 밖에 투자자 보호를 위하여'에서 언급한 대로 미사용 공모자금 734억 원을 초과하는 약 963억 원이 정기예금(장단기 금융상품)에 예치되어 있다.

한 가지 궁금한 것은 약 391억 원이 ELS Equity Linked Securities에 가입되어 있다는 사실이다. 골프존의 자산 규모로 볼 때에는 크다고 할 수 없지만 파생상품인 만큼 투자 배경과 계약 구조를 회사에 확인할 필요가 있다.

이제 차입금 내역을 살펴보자.

> ELS | 자산의 일부를 우량채권에 투자하여 원금의 안정성을 꾀하면서도, 일부는 개별 주식의 가격이나 주가지수에 연동시켜 고수익을 노리는 금융 파생상품.

워렌 버핏 Speaks

우리는 회사 대표나 임원으로부터 회사의 자기자본이익률이 높다는 소리를 듣고 싶다.

〈그림 17-30〉

14. 차입부채

(1) 당기말 및 전기말 현재 차입부채의 구성내역은 다음과 같습니다.

(단위:천원)

구 분	당기말		전기말	
	유동	비유동	유동	비유동
단기차입금	88,400,000	-	-	-
장기차입금	-	-	204,061	493,741
합계	88,400,000	-	204,061	493,741

(2) 당기말 및 전기말 현재 차입부채의 내역은 다음과 같습니다.

(단위: 천원)

구분	차입처	차입용도	연이자율(%)	금액	
				당기말	전기말
단기차입금	하나은행(주1)	운영자금	3.62%	44,000,000	-
	신한은행(주2)	운영자금	3.57%	10,000,000	-
	씨티은행	운영자금	3.40%	10,000,000	-
	건설공제조합	운영자금	1.75%	100,000	-
	농협(주3)	운영자금	4.30%	24,000,000	-
	소계			88,100,000	-
유동성장기차입금	도쿄미쯔비시은행	운영자금	2.48%	-	204,061
	기업은행(주4)	운영자금	4.65%	300,000	-
	소계			300,000	204,061
장기차입금	도쿄미쯔비시은행	운영자금	2.48%	-	697,802
	기업은행(주4)	운영자금	4.65%	300,000	-
	차감 : 유동성장기차입금			(300,000)	(204,061)
	차감후 잔액			-	493,741
	합계			88,400,000	697,802

(주1) 당기말 현재 연결실체는 하나은행 단기차입금과 관련하여 정기예금 14,000,000천원과 건물에 대한 담보신탁 20,000,000천원을 담보로 제공하였으며, 대표이사 신용보증 10,000,000천원을 설정하였습니다(주석 5, 11, 28참조).
(주2) 신한은행 단기차입금과 관련하여서는 대표이사 신용보증 10,000,000천원을 설정하였습니다(주석 28참조).
(주3) 당기말 현재 연결실체는 농협 단기차입금과 관련하여 토지, 코스, 건물, 구축물 및 기계장치를 담보로 제공하였으며, 35,700,000천원을 설정하였습니다(주석 14참조).
(주4) 당기말 현재 연결실체는 기업은행 장기차입금과 관련하여 신용보증기금 및 연대보증인인 ㈜골프코스다자인그룹 뷰의 대표이사으로부터 255,000천원을 지급보증 받았습니다.(주석 28참조).

출처 : 골프존 2012년 연결감사보고서

이렇게 막대한 현금을 쌓아두고 있으면서도 단기 차입금을 대거 끌어 쓴 이유도 궁금하다. 건물을 취득하면서 공사대금 중 일부를 차입금으로 지급한 듯이 보이는데, 공모자금의 사용처 제한 때문에 또는 금융기관들과의 관계 때문에 발생한 일이라면 아쉬운 대목이다.

워렌 버핏 Speaks

나는 매년 수백 개의 사업보고서를 읽는다. 좋은 기업은 사업보고서를 꼼꼼히 읽으면서 찾아야 한다.

(3) 그 밖의 항목 살펴보기

〈그림 17-31〉

12. 무형자산

(1) 당기말 및 전기말 현재 무형자산의 구성내역은 다음과 같습니다.

(당기말)

(단위:천원)

구 분	취득원가	상각누계액	정부보조금	장부가액
영업권	1,674,876	-	-	1,674,876
산업재산권	527,022	(200,210)	-	326,812
소프트웨어	10,282,473	(3,905,067)	(11,907)	6,365,500
기타의무형자산	8,537,976	(434,777)	-	8,103,199
회원권	6,411,019	-	-	6,411,019
합 계	27,433,366	(4,540,054)	(11,907)	22,881,406

(10) 무형자산

내용연수가 유한한 개별취득하는 무형자산은 취득원가에서 상각누계액과 손상차손누계액을 차감한 금액으로 인식하며, 추정내용연수에 걸쳐 정액법으로 상각비를 계상합니다. 무형자산의 잔존가치와 내용연수 및 상각방법은 매 회계연도 종료일에 재검토하고, 재검토결과 추정치가 종전 추정치와 다르다면 그 차이는 회계추정의 변경으로 처리합니다. 내용연수가 비한정인 개별 취득하는 무형자산은 취득원가에서 손상차손누계액을 차감한 금액으로 인식합니다.

보고기간 종료일 현재 무형자산별 내용연수와 상각방법은 다음과 같습니다.

구분	추정내용연수	상각방법
영 업 권	비한정	-
산업재산권	5년	정액법
소프트웨어	5년	정액법
기타의무형자산	5년	정액법
회 원 권	비한정	-

출처 : 골프존 2012년 연결감사보고서

〈그림 17-32〉

10. 연구개발활동

가. 연구개발 담당 조직
당사는 조직운영의 효율성을 극대화하기 위하여 기술연구조직을 별도로 운영하는 대신, 각 사업부문에서 개별적으로 연구개발 활동을 하고 있습니다. 당사는 2007년 이후 우수 연구인력을 대폭 보강하여, 매출 증가에 따른 양산 신모델 개발 대응과 신기술 연구개발 및 응용 제품군의 기술개발 확장에 매진하고 있습니다.

나. 연구개발비용

(단위 : 천원)

과 목		제13기	제12기	제11기
원 재 료 비		67,540	212,647	854,517
인 건 비		10,641,911	10,162,761	6,306,736
감 가 상 각 비		-	-	-
위 탁 용 역 비		43,000	6,900	163,887
기 타		398,036	1,371,479	1,222,925
연구개발비용 계		11,150,487	11,753,787	8,548,065
회계 처리	판매비와 관리비	-	-	-
	제조경비	11,150,487	11,753,787	8,548,065
	개발비(무형자산)	-	-	-
연구개발비 / 매출액 비율 [연구개발비용계÷당기매출액×100]		4.04%	5.60%	4.64%

출처 : 골프존 2012년 사업보고서

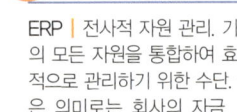

ERP | 전사적 자원 관리. 기업의 모든 자원을 통합하여 효율적으로 관리하기 위한 수단. 좁은 의미로는 회사의 자금, 회계, 구매, 생산, 판매 등을 통합하는 전산 시스템을 뜻하기도 한다.

마지막으로 무형자산을 살펴보았다. 앞서 본 '사업의 내용 – 연구개발 활동'에는 연구개발비용을 모두 제조경비로 회계 처리를 하고 있었는데 소프트웨어 등 무형자산이 증가하고 있는 것은 ERP Enterprise Resource Planning 시스템 도입 등으로 추정된다.

(4) IR 담당자에게 보낼 이메일 샘플

사업보고서를 모두 읽었다면 각자 투자 근거와 위험 요소를 세워 분석에 들어가야 한다. 그 전에 사업보고서를 읽으면서 해소되지 않았던 기초적인 내용을 회사에 물어보고 확인하는 절차를 거치자. 상장회사의 IR 담당자는 투자자를 응대하는 것이 일이기는 하나, 수많은 투자자들을 상대하며 비슷한 이야기를 반복하다 보면 지치는 경우도 많고 가끔은 다른 업무와 병행하는 경우도 있다. 따라서 주주의 권리를 당당히 행사하되 최대한 정중하게 문의하기를 권한다. 그들과 친해져서 나쁠 것은 없다.

참고로 지금까지 사업보고서에서 분석한 내용을 토대로 골프존 IR 담당자에게 확인해야 할 질문 내용을 간추린 이메일 샘플을 소개한다.

 골프존 IR 담당자님 귀하

안녕하세요? 더퍼블릭인베스트먼트 김현준입니다.
당사는 골프존을 투자 대상 기업으로서 검토 중입니다.
2012년 사업보고서를 통해 사전 리서치를 하였으나, 해소되지 않는 의문점이 있어 몇 가지 여쭙겠습니다.

1. 사업 모델 및 전략
1-1. 국내 스크린골프방 시장 규모는 얼마이고 향후 성장 잠재력은 어느 정도인지요?
1-2. 국내 스크린골프방이 성숙했다고 가정하면 제품(골프 시뮬레이터) 매출은 어느 정도

까지 축소될 수 있나요?

1-3. 신제품 판매와 교체 매출의 수익성 차이는 어느 정도인가요?

1-4. 스크린골프 판매 부문의 영업이익을 제품(골프 시뮬레이터)과 온라인서비스로 나누면 몇 대 몇 정도인가요?

1-5. 온라인서비스의 구체적인 수익창출 방법은 무엇인가요?

1-6. 골프 시뮬레이터 수출을 늘릴 수 있을까요?

1-7. 기존 사업인 골프장 운영, 유통사업의 현황과 전략이 궁금합니다.

1-8. 신규 사업인 온라인 게임, GDR(골프 아카데미 서비스 및 골프연습장 제품) 성장 방안이 궁금합니다.

2. 지배 구조

2-1. 건물 취득과 관련해 차입금과 질권설정이 있습니다. 유휴자금이 많은데도 차입금을 사용한 특별한 이유가 있는지요?

2-2. 향후 추가로 유형자산을 취득할 계획이 있으신가요?

2-3. 코스닥 상장 이후 판매비와 관리비의 증가가 눈에 띕니다. 그 원인과 향후 통제 방안을 알려 주십시오.

3. 기타 회계처리 외

3-1. ELS 가입 배경과 계약 구조, 귀 사의 회계처리 방식를 알려 주시기 바랍니다.

3-2. 법인세 세액 공제를 많이 받으시던데 구체적인 내용이 궁금합니다.

3-3. 공모자금 사용 계획상 연구개발자금(신형 시스템)과 운영자금(신제품 홍보 및 판촉)이 아직 덜 사용되었습니다. 조만간 집행할 계획이 있으신가요?

3-4. 소프트웨어와 기타의 무형자산 취득의 구체적인 내용이 궁금합니다.

이상입니다.

초면에 많은 질문을 드려 죄송합니다. 급한 사항은 아니니 시간이 나실 때 확인하시고 답변 주시면 고맙겠습니다.

김현준 배상

참고로 골프존은 사업보고서 이외에도 홈페이지(http://company.golfzon.com/ir/earnings.asp)에 투자자를 위해 자세한 내용들을 소개하고 있다. 그 중 IR 자료를 읽어보면 회사에 질의할 내용이 절반 이하로 줄어드는 기쁨을 맛볼 수 있다. 전화통화든 기업 탐방이든 한정된 시간에 충실한 정보를 얻기 위해서는 기초적인 내용을 숙지한 상황에서 핵심적인 사항에 집중하여 질의하는 것이 효과적이다.

〈그림 17-33〉 골프존 IR 자료의 일부

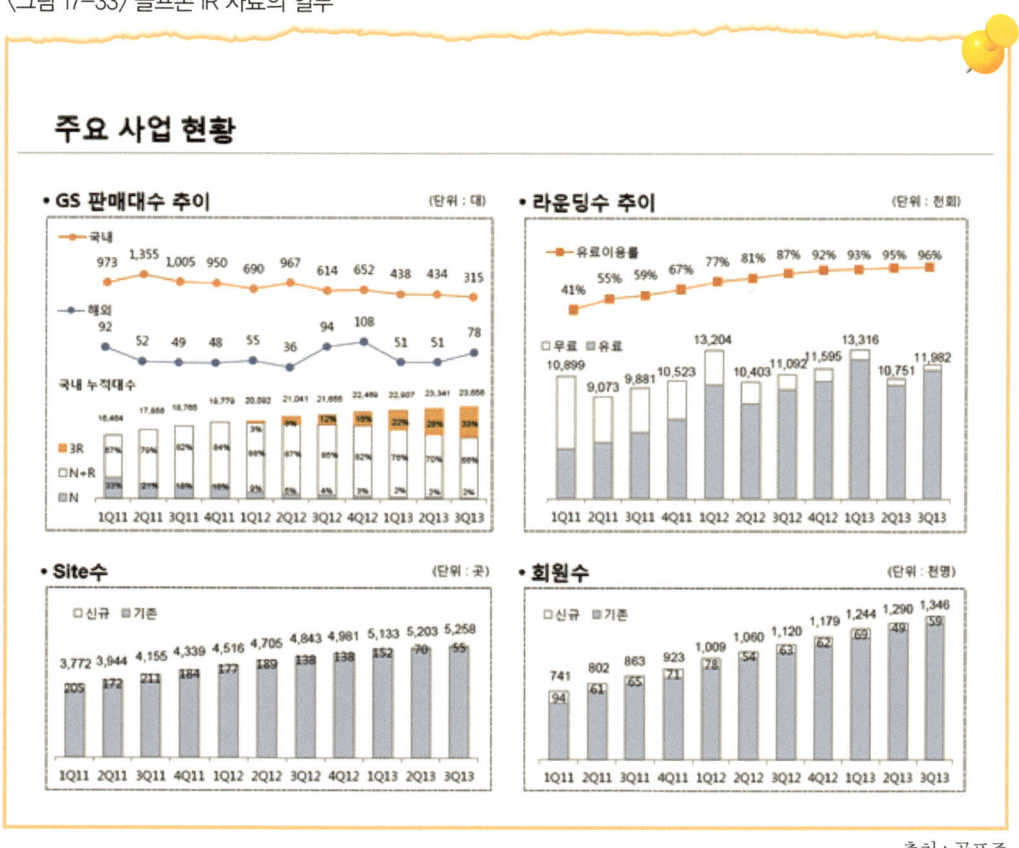

출처 : 골프존

이 회사가 코스닥시장 상장에 이르기까지 영위했던 골프 시뮬레이터 판매는 정체 또는 축소될 가능성이 높다. 대신 온라인서비스의 확장과 GDR(골프 아카데미 서비스 및 골프연습장 제품)의 성장이 기대된다. 이를 잘 비교하여 기업가치의 증감을 계산하는 것이 중요하다. 그리고 회사의 이익이 주주의 이익으로 귀결될 수 있는지, 최대주주의 행보에도 관심을 기울여야겠다. 마지막으로 골프존의 제품이 훌륭하다면 해외에서도 좋은 반응을 일으킬 수 있을지에 대한 상상력이 필요할 것 같다. 상장 이후 인상적인 주가 흐름을 보이지 못한 것은 시장의 우려가 많다는 뜻이다. 하지만 똑같이 잠재력 있는 기업을 사더라도 비관론이 팽배해 주가가 저평가되었을 때야말로 가치투자가 빛을 발하는 때임을 잊지 말자.

〈그림 17-34〉 골프존 주가(주봉) 차트 (코스닥시장 상장 이후~현재)

출처 : 키움증권

 골프존은 코스닥시장 상장 당시 해외 진출에 대한 기대감으로 높은 평가를 받았다. 해외 진출 기대감이 낮아진 지금, 주가의 반전을 위해서는 스크린골프방이 포화되더라도 온라인서비스 등으로 꾸준한 이익을 낼 수 있다는 것을 증명해야 한다.

 ♣ 뒷이야기

- 2013년 9월말 현재 KB자산운용이 골프존 지분 13.34%를 보유하고 있으며, 주요 주주로서 충실히 감시 역할을 하고 있다. 김영찬, 김원일 공동 대표이사 또한 KB자산운용을 통해 자본시장의 흐름과 투자자들의 의중을 살피고, 주주가치 제고를 위해 노력하고 있다.

맺음말 건강한 부의 증식을 기원하며

한국투자교육연구소에서 첫 강의를 시작한 지도 벌써 3년이 흘렀다. 첫 강의 데뷔를 위해 수개월간 고민해 짠 강의안은 그동안 수차례 진화와 변신의 과정을 거친 끝에 이렇게 책으로 재탄생하였다. 아직 주식을 업으로 삼은 지 얼마 되지 않았지만 지난 3년은 나에게 다사다난했다. 첫 직장이던 브이아이피투자자문을 떠나 키움증권에서 진짜 펀드매니저로서 일을 해보고 지금은 이른 나이에 내 회사를 가지게 되었다.

이 책은 주식을 좋아하던 학생이 제대로 된 투자자로 거듭나는 성장기와 같다. 그만큼 내가 치열하게 고민했던 실제 사례들로 가득 채웠고 운이 따라준다면 계속해서 내가 성장하는 만큼 풍성한 내용으로 개정판을 내고 싶은 마음도 있다. 하지만 나의 성장은 나 혼자 이루어낸 것이 아니다. 나를 처음 기관투자자의 길로 인도해주신 최준철, 김민국 대표님과 이제껏 내가 모토로 삼는 발로 뛰는 리서치의 표본이 되어 주신 김세훈 이사님 이하 모든 브이아이피 투자자문 식구들께 감사드린다. 그리고 경력 일천한 나에게 운용을 맡겨 주신 키움증권 투자운용본부 황현순 전무님, 엄주성 본부장님과 숫자로 기업을 꿰뚫는 법을 가르쳐 주신 전옥희 팀장님을 포함한 모든 키움증권 투자운용본부 식구들께도 감사드린다. 이제 매일 얼굴을 마주할 수는 없지만 외부에서라도 각 회사의 성공에 조금이나마 기여하고 이름에 누를 끼치지 않기 위해 최선을 다할 생각이다.

사실 나는 가치투자 외에 다른 투자 방법을 시도해 본 적이 없다. 그래서 구태여 나와 생각이 다른 사람들을 설득하고 고집 피울 생각은 없다. 그러나 올바른 투자를 하고 싶지만 그 방법을 모르는 분들을 보면 너무 안타깝다. 이 책이 그들의 건강한 부의 증식과 지적 호기심을 충족시키는 데 작은 도움이 될 수 있기를 기원한다.

나의 좌우명은 정도(正道)이다. 앞으로 투자와 경영에 있어 바른 길이 아닌 빠른 길을 찾고자 하는 많은 유혹이 있으리라 믿는다. 이때마다 주변의 소중한 사람들이 나를 깨우쳐 주기를 바란다. 가치투자를 처음 접하게 해준 김진배 지도교수님, 초대 회장 윤세욱 선배님 이하 고려대학교 가치투자 동아리 KUVIC의 모두에게 무한한 영광을 돌린다. 물심양면으로 나와 더퍼블릭을 도와주시는 한국투자교육연구소 김재영 대표님과 김인중 대표님, 마음의 멘토이신 디에스투자자문 위윤덕 대표님께 감사의 말씀을 전한다. 마지막으로 앞으로 함께 2세대 가치투자라는 가시밭길을 헤쳐나갈 더퍼블릭의 파트너들과 그 길을 한 치의 망설임 없이 후원해 주는 나의 부모님과 사랑하는 아내에게 이 책을 바친다.

● 함께 읽으면 좋은 부크온의 책들 ●

- 투자의 전설 앤서니 볼턴   앤서니 볼턴
- 예측투자   마이클 모부신, 알프레드 래퍼포트
- 투자도 인생도 복리처럼   가우탐 바이드
- 퍼펙트 포트폴리오   앤드류 로, 스티븐 포어스터
- 안전마진   크리스토퍼 리소길
- 권 교수의 가치투자 이야기   권용현
- 벤저민 그레이엄의 성장주 투자법   프레더릭 마틴
- 가치투자는 옳다   장마리 에베이야르
- 박 회계사의 재무제표 분석법 (개정판)   박동흠
- 워런 버핏처럼 주식투자 시작하는 법   메리 버핏, 션 세아
- 인생주식 10가지 황금법칙   피터 세일런
- 주식고수들이 더 좋아하는 대체투자   조영민
- 금융시장으로 간 진화론   앤드류 로
- 현명한 투자자의 지표 분석법   고재홍
- 투자 대가들의 가치평가 활용법   존 프라이스
- 워런 버핏처럼 가치평가 시작하는 법   존 프라이스
- 투자의 가치   이건규
- 워런 버핏의 주식투자 콘서트   워런 버핏
- 적극적 가치투자   비탈리 카스넬슨
- 주식투자자를 위한 재무제표 해결사 V차트   정연빈
- 주식 PER 종목 선정 활용법   키스 앤더슨
- 현명한 투자자의 인문학   로버트 해그스트롬
- 워런 버핏만 알고 있는 주식투자의 비밀   메리 버핏, 데이비드 클라크
- 박 회계사의 사업보고서 분석법   박동흠
- 이웃집 워런 버핏, 숙향의 투자 일기   숙향
- NEW 워런 버핏처럼 적정주가 구하는 법   이은원
- 줄루 주식투자법   짐 슬레이터
- 경제적 해자 실전 주식 투자법   헤더 브릴리언트 외
- 붐버스톨로지   비크람 만샤라마니
- 워렌 버핏처럼 사업보고서 읽는 법   김현준
- 주식 가치평가를 위한 작은 책   애스워드 다모다란
- 고객의 요트는 어디에 있는가   프레드 쉐드
- 투자공식 끝장내기   정호성, 임동민
- 워렌 버핏의 재무제표 활용법   메리 버핏, 데이비스 클라크
- 현명한 투자자의 재무제표 읽는 법   벤저민 그레이엄, 스펜서 메레디스

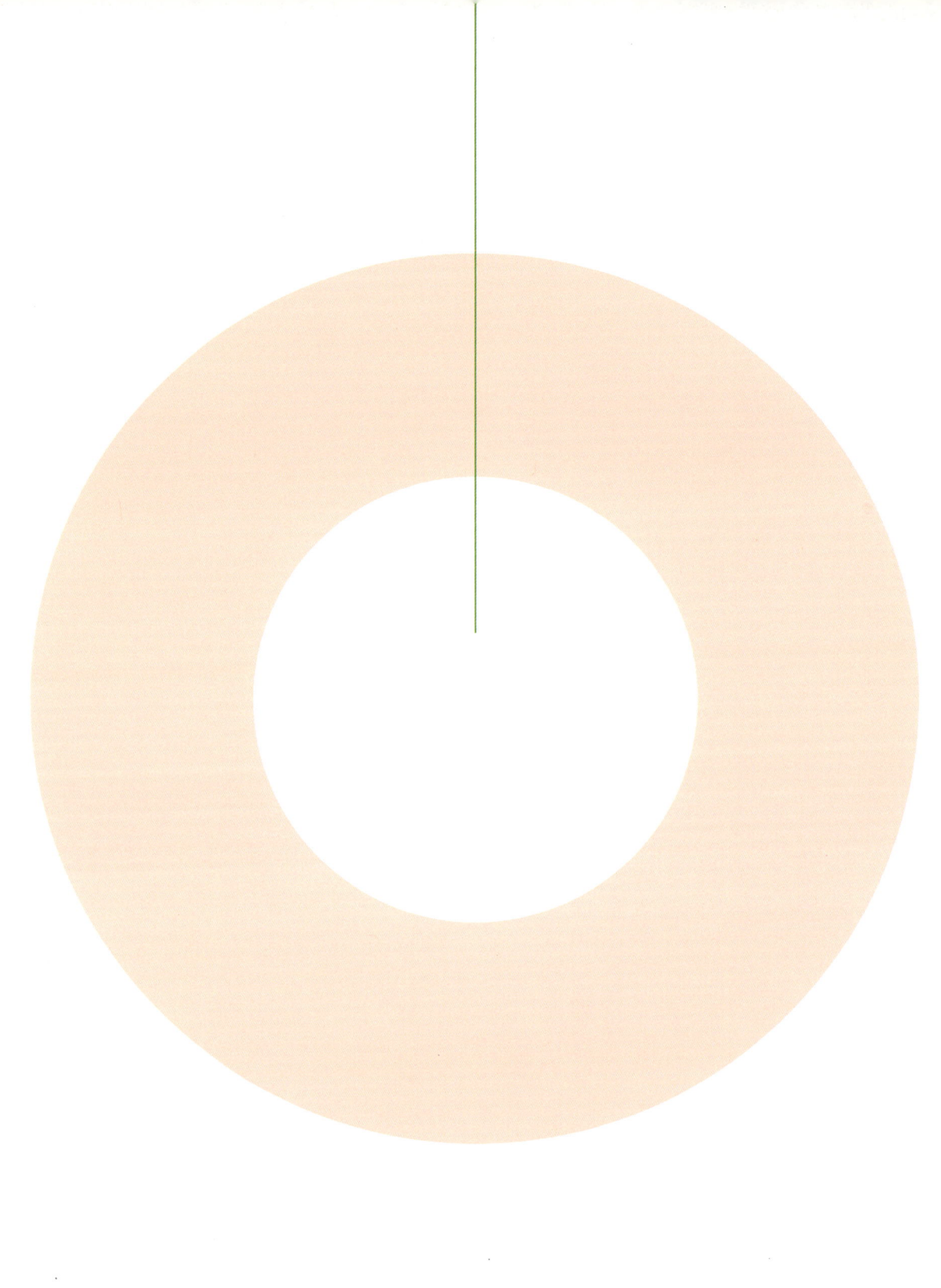